Über Gewaltfreie Kommunikation

Gewaltfreie Kommunikation (GFK) ist eine Art des Umgangs miteinander, die den Kommunikationsfluss, der im Austausch von Informationen und im friedlichen Lösen von Konflikten notwendig ist, erleichtert. Der Fokus liegt dabei auf Werten und Bedürfnissen, die alle Menschen gemeinsam haben, und wir werden zu einem Sprachgebrauch angeregt, der Wohlwollen verstärkt. Ein Sprachgebrauch, der zu Ablehnung oder Abwertung führt, wird vermieden.

Gewaltfreie Kommunikation geht davon aus, dass die befriedigendste Handlungsmotivation darin liegt, das *Leben zu bereichern* und nicht aus Angst, Schuld oder Scham etwas zu tun. Besondere Bedeutung kommt der Übernahme von Verantwortung zu – für getroffene Entscheidungen sowie der Verbesserung der Beziehungsqualität als vorrangigem Ziel.

Durch die Gewaltfreie Kommunikation werden Sie verstehen, dass ...

- alles, was ein Mensch jemals tut, ein Versuch ist, Bedürfnisse zu erfüllen;
- es für alle Beteiligten förderlicher ist, Bedürfnisse durch Kooperation statt durch Wettbewerb zu erfüllen;
- es Menschen von ihrer Natur her Freude bereitet, zum Wohlergehen anderer beizutragen, wenn sie das freiwillig tun können.

Die Gewaltfreie Kommunikation bietet Ihnen die Gelegenheit ...

- Verbindungen mit anderen Menschen zu schaffen, die für Sie befriedigender sind;
- Ihre Bedürfnisse auf eine Weise zu erfüllen, die Ihren Werten und denen anderer gerecht wird;
- vergangene Erfahrungen und Beziehungen, die schmerzvoll oder erfolglos waren, zu heilen.

Die Fähigkeiten der Gewaltfreien Kommunikation werden Sie dabei unterstützen ...

- Schuldgefühle, Scham, Angst und Depression aufzulösen;
- Ärger und Frustration umzuwandeln in den Aufbau von Partnerschaften und Kooperationen;
- Lösungen zu finden, die auf gegenseitiger Rücksichtnahme, Respekt und Konsens basieren;
- Bedürfnisse so zu erfüllen, dass sie das Leben bereichern, sei es im persönlichen Leben, in der Familie, der Schule, der Nachbarschaft und in der Gesellschaft.

Weitere Informationen über das Center for Nonviolent Communication in den USA und die Gewaltfreie Kommunikation finden Sie auf den Internetseiten www.CNVC.org und www.NonviolentCommunication.com.

Informationen über die Gewaltfreie Kommunikation im deutschsprachigen Raum finden Sie unter www.gewaltfrei.de.

Ausführliche Informationen zu jedem unserer lieferbaren und geplanten Bücher finden Sie im Internet unter ↗ http://www.junfermann.de. Dort können Sie unseren Newsletter abonnieren und sicherstellen, dass Sie alles Wissenswerte über das Junfermann-Programm regelmäßig und aktuell erfahren. – Und wenn Sie an Geschichten aus dem Verlagsalltag und rund um unser Buch-Programm interessiert sind, besuchen Sie auch unseren Blog: ↗ http://blogweise.junfermann.de.

Marshall B. Rosenberg

Lebendige Spiritualität

Gedanken über die spirituellen Grundlagen der Gewaltfreien Kommunikation

Eine Zusammenstellung von Fragen an Dr. Marshall B. Rosenberg und seine Antworten

Aus dem Amerikanischen von Dr. Michael Dillo

Junfermann Verlag • Paderborn
2015

3. Auflage 2015

Translated from the book *Practical Spirituality: the Spiritual Basis of Nonviolent Communication*, ISBN 1-892005-14-X by *Marshall B. Rosenberg*,
 For further information about Nonviolent Communication sm please visit the Center for Nonviolent Communication on the web at: www.cnvc.org.

Fachliche Begleitung und Überarbeitung der Übersetzung: Ingrid Holler, München

Coverfoto: © silver-john – fotolia.de
Covergestaltung/Reihenentwurf: Christian Tschepp

Satz: JUNFERMANN Druck & Service, Paderborn

Bibliografische Information der Deutschen Bibliothek
Die Deutsche Bibliothek verzeichnet diese Publikation in der Deutschen Nationalbibliografie; detaillierte bibliografische Daten sind im Internet über http://dnb.ddb.de abrufbar.

ISBN 978-3-95571-302-7

INHALT

Zu den nachfolgend aufgelisteten Fragen finden Sie Antworten von Marshall B. Rosenberg in diesem Booklet:

Wie können wir uns mit dem Göttlichen mit Hilfe der Gewaltfreien Kommunikation verbinden? 8

Was bedeutet „Gott“ für Sie? 9

Auf welche Art erleben Sie die „geliebte göttliche Energie“ am liebsten? 9

Von welchen religiösen Überzeugungen, Lehren oder Schriften wurden Sie am meisten beeinflusst? 10

Fördern Religion und Spiritualität nicht die Passivität, oder wirken sie nicht wie „Opium fürs Volk“? 11

Gewaltfreie Kommunikation entwickelte sich also teilweise aus spirituellen Ursprüngen? 11

Was verstehen Sie unter: „Etwas von uns selbst geben“? 12

Entstand also die Gewaltfreie Kommunikation aus Ihrem Wunsch heraus, diese Liebe auszudrücken? 13

Wie verhindern Sie, dass sich das Ego in Ihre Verbindung zu Gott einmischt? 14

Dann glauben Sie also, dass die Sprache unserer Kultur uns daran hindert, unsere „göttliche Energie“ tiefer zu erfahren? 15

Ist dies die spirituelle Grundlage der Gewaltfreien Kommunikation? 16

Ist dieser Mangel an Verbindung zur göttlichen Energie verantwortlich für die Gewalttätigkeit in der Welt? 16

Wie überwinden wir diese kulturelle Konditionierung? 17

Gewinnen wir diese Verbindung zueinander, indem wir Gott erkennen? 18

Wie genau erreichen wir diese Verbindung mit der göttlichen Energie und mit anderen Menschen? 19
Wie drücken wir aus, was in uns lebendig ist? 20
Schlagen Sie vor, dass wir den Menschen einfach sagen, was wir fühlen und damit ist schon alles Nötige getan? 21
Was hindert Menschen daran, geradeheraus zu sagen, was sie brauchen? 22
Was ist also der nächste Schritt nach den Gefühlen und Bedürfnissen? 23
Was hält uns davon ab, uns gegenseitig mit dem Lebendigen in uns zu verbinden, wie Sie es vorschlagen? 24
Können Sie ein Beispiel dafür geben, wie eine empathische Verbindung mit einer anderen Person hergestellt wird? 25
Wie drücken Sie Ihre Bedürfnisse als Bitten aus, ohne dass es so klingt, als würden Sie etwas fordern? 26
Wie stehen Sie zum Thema Disziplin? Was Sie vorschlagen, klingt so, als ginge es hauptsächlich um Freizügigkeit. 28
Wie kann ich sicher sein, dass ich mich mit dem verbinde, was in einer anderen Person lebendig ist? 29
Können Sie ein weiteres Beispiel dafür geben, wie Sie diesen Prozess tatsächlich eingesetzt haben, um sich mit anderen zu verbinden? 30
Der Prozess, „sich mit dem Göttlichen in anderen zu verbinden“, scheint auf dem Papier ziemlich klar zu sein. Aber ist es nicht sehr schwierig, das auch im wirklichen Leben umzusetzen? 31
Wie veranlassen Sie verfeindete Menschen dazu, das Göttliche im anderen zu erkennen? 32
Wie grundlegend ist unser Bedürfnis, uns gegenseitig etwas zu geben? 33
Sind Sie auf kulturelle oder sprachliche Hindernisse bei diesem Prozess gestoßen? 34

Glauben Sie, dass eine spirituelle Praxis wichtig ist, um Gewaltfreie Kommunikation anzuwenden? 35
Wurden Sie durch Männer wie Gandhi oder Martin Luther King beeinflusst, die versucht haben, zwischen Spiritualität und gesellschaftlichem Wandel zu vermitteln? 35
Literaturvorschläge 36

Informationen über zertifizierte GFK-Trainer/innen im deutschsprachigen Raum 36
Einige grundlegende Gefühle, die wir alle haben 43
Grundlegende Bedürfnisse, die wir alle teilen 43
Über das CNVC und die GFK 45
Wie Sie den GFK-Prozess anwenden können 48

Lebendige Spiritualität

Jedes Mal, wenn Marshall Rosenberg über seine tief gehenden Überzeugungen im Zusammenhang mit Spiritualität, den Vorstellungen von Gott oder seine Ansichten über die Liebe spricht, kommen zwei Themen zur Sprache:

1. Die größte Freude, die wir uns bereiten können, entsteht, wenn wir uns mit dem Leben verbinden, indem wir zu unserem eigenen Wohlergehen und dem anderer Menschen beitragen.
2. Spiritualität und Liebe haben mehr mit unseren Handlungen als mit unserem Fühlen zu tun.

Marshall wird immer wieder von Leuten gefragt, wie er zu seiner Haltung gekommen ist, wie er zu den religiösen Überzeugungen anderer steht und was seine Ansichten für die Anwendung der Gewaltfreien Kommunikation bedeuten. Im Anschluss sind verschiedene Auszüge aus spontanen, mündlichen Antworten auf solche Fragen zusammengestellt, Fragen zu den Themen Spiritualität, den Vorstellungen über das Göttliche, die spirituellen Grundlagen der GFK und die Anwendung der GFK-Werte im Zusammenhang mit gesellschaftlichem Wandel, die sowohl Journalisten als auch Seminarteilnehmer und -teilnehmerinnen gestellt haben.

FRAGE: Wie können wir uns mit dem Göttlichen mit Hilfe der Gewaltfreien Kommunikation verbinden?

ANTWORT: Ich glaube, es ist wichtig, dass die Menschen erkennen, dass der Gewaltfreien Kommunikation eine Spiritualität zu Grunde liegt und dass sie dies im Hinterkopf behalten, wenn sie die Technik des Prozesses erlernen. Tatsächlich ist das, was ich versuche, als eine Haltung gegenüber dem Leben zu zeigen, spirituelles Handeln. Obwohl wir das nicht besonders hervorheben, werden die Menschen durch ihr Handeln dahin geführt. Selbst wenn sie GFK mechanisch als eine Technik einüben, beginnen sie, Dinge zwischen sich und anderen Menschen zu erfahren, die sie zuvor nicht erfahren konnten. So kommen sie nach und nach der Spiritualität des Prozesses näher. Sie beginnen zu sehen, dass es mehr als ein Kommunikationsprozess ist. Sie realisieren, dass es sich wirklich um einen Versuch handelt, unsere Spiritualität auszudrücken. Ich habe versucht, mir ein Bedürfnis zu erfüllen und die Spiritualität so in die Anwendung der GFK zu integrieren, dass ihre Schönheit nicht durch abstraktes Philosophieren zerstört wird.

Die Art von Welt zu erschaffen, in der ich gerne leben würde, erfordert einige ziemlich einschneidende gesellschaftliche Veränderungen. Die Veränderungen, die ich gerne verwirklicht sähe, werden wahrscheinlich nicht eintreten, bevor sich die spirituelle Haltung der Menschen ändert. Solange die Menschen, die auf diese Veränderungen hinarbeiten, nicht aus einer anderen spirituellen Haltung heraus handeln als aus der, die zur derzeitigen verzwickten Lage geführt hat, wird kaum eine Veränderung stattfinden. Daher haben wir unsere Seminare so angelegt, dass sie den Menschen helfen, sich darüber klar zu werden, dass sie sich von einer Spiritualität leiten lassen, die sie selbst wählen, und dass sie dahin kommen, gesellschaftlichen Wandel aus dieser Spiritualität heraus zu erschaffen, statt sich weiter auf ihre durch kulturelle Erziehung verinnerlichte Haltung zu stützen.

FRAGE: Was bedeutet „Gott" für Sie?

ANTWORT: Ich brauche einen für mich stimmigen Zugang, um an Gott zu denken. Das bedeutet, ich benutze andere Wörter oder Wege, um diese Schönheit, diese mächtige Energie zu beschreiben – und daher ist mein Ausdruck für Gott „geliebte göttliche Energie". Eine Zeit lang war es einfach göttliche Energie, aber dann las ich einiges aus den östlichen Religionen und von den Dichtern des Ostens. Ich war fasziniert davon, welche persönliche und liebevolle Verbindung sie mit dieser Energie hatten. Und ich fand, dass es eine Bereicherung für mein Leben sei, es „geliebte göttliche Energie" zu nennen. Für mich ist diese „geliebte göttliche Energie" das Leben, die Verbindung zum Leben.

FRAGE: Auf welche Art erleben Sie die „geliebte göttliche Energie" am liebsten?

ANTWORT: Es ist die Art, wie ich mich mit Menschen verbinde. Ich erfahre die „geliebte göttliche Energie" dann, wenn ich mich mit Menschen auf eine bestimmte Weise verbinde. Ich sehe die göttliche Energie nicht nur, ich schmecke göttliche Energie, ich empfinde göttliche Energie und ich bin göttliche Energie. Ich stehe in Verbindung zu „geliebter göttlicher

Energie", wenn ich auf diese bestimmte Weise mit Menschen verbunden bin. Dann ist Gott für mich sehr lebendig.

FRAGE: Von welchen religiösen Überzeugungen, Lehren oder Schriften wurden Sie am meisten beeinflusst?

ANTWORT: Es fällt mir schwer zu sagen, welche der verschiedenen Religionen auf der Erde die größte Wirkung auf mich gehabt haben. Wenn es eine gibt, dann ist es wahrscheinlich der Buddhismus. Ich mag sehr, was ich von Buddha verstehe oder was ich von den Menschen höre, die Buddha zitieren. Zum Beispiel stellt Buddha sehr klar heraus: Werdet nicht abhängig von euren Strategien, euren Bitten oder euren Wünschen. Das ist ein sehr wichtiger Teil unserer Schulungen: Die wirklichen menschlichen Bedürfnisse nicht zu verwechseln mit dem Weg, den wir gelehrt wurden, um diese Bedürfnisse zu erfüllen. Deshalb müssen wir Acht geben, nicht unsere Strategien mit unseren Bedürfnissen zu verwechseln. Wir brauchen zum Beispiel kein neues Auto. Einige Leute wählen vielleicht ein neues Auto als eine Strategie dafür, einem Bedürfnis nach Zuverlässigkeit oder Seelenfrieden zu entsprechen. Aber sie müssen sich vorsehen, weil die Gesellschaft sie sonst hereinlegt und sie glauben macht, dass es das neue Auto ist, was sie wirklich brauchen. Dieser Teil unserer Schulungen befindet sich in großer Harmonie mit meinem Verständnis der Lehren von Buddha.

Fast alle Religionen und Mythologien, die ich studiert habe, sagen etwas sehr Ähnliches aus, etwas, was der Mythenforscher Josef Campbell in einer seiner Arbeiten so zusammenfasst: *Tue nichts, was du nicht aus spielerischer Freude heraus tust.* Mit „spielerischer Freude" meinen diese Religionen, dass wir freiwillig und freudig zum Leben beitragen. Tun Sie deshalb nichts, um Bestrafung zu vermeiden; tun Sie nichts, um Belohnungen zu erhalten; tun Sie nichts, weil Sie von Schuld, Scham oder den heimtückischen Vorstellungen von Verpflichtung und Gehorsam verfolgt werden. Alles, was Sie tun, wird für Sie spielerische Freude sein, wenn Sie erkennen können, wie es das Leben bereichert. Ich vernehme diese Botschaft, die meinem Verständnis entspricht, nicht nur von Buddha, sondern auch aus dem, was ich über den Islam, das Christentum und das Judentum gelernt habe. Ich bin überzeugt, dass es eine natürliche Sprache ist. Tue das, was dem Leben dient.

FRAGE: Fördern Religion und Spiritualität nicht die Passivität, oder wirken sie nicht wie „Opium fürs Volk"?

ANTWORT: Ich bin sehr besorgt über jede Spiritualität, die erlaubt, dass wir es uns auf der Welt bequem einrichten und sagen: „Aber ich helfe doch der Welt. Die Energie, die allein von mir ausgeht, wird eine gesellschaftliche Änderung bewirken." Eher vertraue ich einer Spiritualität, die die Menschen dazu führt, vorwärts zu gehen und die Welt zu verändern, statt nur dazusitzen im Bewusstsein dieser wunderbaren Vorstellung, dass sie ihre Energie ausstrahlen. Ich will sehen, dass sich Energie in den Handlungen der Personen widerspiegelt, wenn sie hinausgehen und Veränderungen bewirken. Es ist also etwas, was Sie tun, es ist eine praktizierte, gelebte Spiritualität.

FRAGE: Gewaltfreie Kommunikation entwickelte sich also teilweise aus spirituellen Ursprüngen?

ANTWORT: Gewaltfreie Kommunikation entwickelte sich aus meinem Versuch, mir über diese „geliebte göttliche Energie" bewusst zu werden und wie ich mich mit ihr verbinden kann. Ich war unzufrieden mit den Kenntnissen, die auf dem von mir gewählten Gebiet der klinischen Psychologie vermittelt wurden, weil sie auf krankhaftem menschlichen Verhalten beruhten und immer noch beruhen. Ich mochte diese Sprache nicht. Sie verstellte mir die Sicht auf die Schönheit menschlicher Wesen. Deshalb habe ich mich dafür entschieden, der von Carl Rogers und Abraham Maslow eingeschlagenen Richtung zu folgen, nachdem ich meinen Doktortitel erhalten hatte.

Ich beschloss, mir unheimliche Fragen zu stellen: „Was sind wir und was ist die Bestimmung unseres Seins?" Ich fand heraus, dass über diese Fragen in der Psychologie nur sehr wenig geschrieben worden ist. Deshalb besuchte ich einen Crashkurs in vergleichender Religionswissenschaft. Ich hatte festgestellt, dass man sich dort weit mehr mit meinen Fragen beschäftigte. Und immer wieder, in jeder der Religionen, kam dieses Wort „Liebe" vor.

Ich war daran gewöhnt, das Wort „Liebe" so zu hören, wie es viele Menschen – in einem religiösen Sinn – verwenden wie: „Liebet einander! Du sollst alle Menschen lieben!" Langsam aber sicher wurde ich richtiggehend ärgerlich auf das Wort „Liebe". „Ach ja, am Ende soll ich wohl auch noch

Hitler lieben?" Ich kannte damals den Ausdruck „New-Age-Bullshit" noch nicht, aber ich benutzte Worte, die genau das ausdrückten. Ich versuchte ein besseres Verständnis dafür zu erlangen, was Liebe bedeutet, weil ich sehen konnte, dass es für so viele Millionen von Menschen in all diesen Religionen eine so große Bedeutung hat. Was ist es, und wie „macht" man das, was sie „Liebe" nennen?

Die Gewaltfreie Kommunikation entstand also aus meinem Versuch, dieses Konzept von Liebe zu verstehen und herauszufinden, wie sie sich ausdrücken lässt, wie sie gemacht wird. Ich kam zu dem Schluss, dass es nicht nur etwas ist, was sich fühlen lässt, sondern das es etwas ist, das wir ausdrücken, etwas, das wir machen, etwas, das wir haben. Und wie drückt es sich aus? Indem wir etwas von uns selbst auf eine ganz bestimmte Art geben.

FRAGE: Was verstehen Sie unter: „Etwas von uns selbst geben"?

ANTWORT: Für mich bedeutet „etwas von uns selbst zu geben", dass wir ehrlich ausdrücken und zeigen, was in diesem Moment in uns lebendig ist. Es fasziniert mich, dass die Menschen, wenn sie sich gegenseitig grüßen, in jeder Kultur fragen: „Wie geht es dir?" Sie brauchen nicht immer diese Worte. Auf Englisch sagen sie: „How do you do?", in Spanien: „Como estás?", in Frankreich: „Comment allez vous?" Wir haben daraus ein soziales Ritual gemacht, aber es ist eine sehr wichtige Frage. Wenn uns nämlich daran gelegen ist, in Frieden und Harmonie zu leben, wenn wir dazu bestimmt sind, Freude zu empfinden, wenn wir gegenseitig zu unserem Wohlergehen beitragen, dann müssen wir voneinander wissen, was gerade in uns lebendig ist. Was ist das doch für ein Geschenk, dass wir in jedem Augenblick unseres Lebens in der Lage sind zu wissen, was in jemand anderem lebendig ist.

Ein Geschenk von sich selbst zu geben, ist ein Ausdruck der Liebe. Es ist ein Geschenk, wenn Sie sich in einem beliebigen Augenblick öffnen und ehrlich zeigen, und das zu keinem anderen Zweck als zu offenbaren, was in Ihnen lebendig ist. Nicht zu beschuldigen, zu kritisieren oder zu bestrafen. Nur: „Hier bin ich, und das ist, was ich möchte." Damit zeige ich in diesem Moment meine ganze Verwundbarkeit. Für mich ist das ein Weg, Liebe auszudrücken.

Der andere Weg, etwas von uns zu geben, zeigt sich dadurch, wie wir die Mitteilung einer anderen Person aufnehmen, einfühlsam wahrnehmen, uns mit dem verbinden, was in der anderen Person lebendig ist, ohne Urteile zu fällen. Nur das zu hören, was in der anderen Person lebendig ist, und das, was sie möchte. Auf diese Weise ist Gewaltfreie Kommunikation nichts anderes als der Ausdruck dessen, was ich unter Liebe verstehe. So verstanden, ist GFK den jüdisch-christlichen Konzepten wie „Liebe deinen Nächsten wie dich selbst" und „Urteile nicht, wenn du nicht möchtest, dass über dich geurteilt wird" ähnlich.

FRAGE: Entstand also die Gewaltfreie Kommunikation aus Ihrem Wunsch heraus, diese Liebe auszudrücken?

ANTWORT: Auch empirische Untersuchungen in der Psychologie, in denen die charakteristischen Eigenschaften gesunder Beziehungen bestimmt wurden, halfen mir. Außerdem studierte ich Menschen, die mir aufgrund ihres Handelns als ein lebendiger Ausdruck von Liebe erschienen. Aus diesen Quellen schöpfte ich die Ideen für die Entwicklung dieses Prozesses, der mir half, mich mit Menschen auf eine Art zu verbinden, die nach meinem Verständnis ein Ausdruck von Liebe ist.

Und dann konnte ich tatsächlich erkennen, was geschah, als ich mich auf diese Art mit Menschen verband. Diese Schönheit, diese Kraft verband mich mit einer Energie, für die ich die Bezeichnung „geliebte göttliche Energie" wählte. Die Gewaltfreie Kommunikation hilft mir also, mit dieser schönen göttlichen Energie in mir selbst verbunden zu bleiben und mich mit ihr in anderen Menschen zu verbinden. Wenn ich diese göttliche Energie in mir selber mit der göttlichen Energie in anderen in Verbindung bringe, passiert etwas, das sicherlich der Erfahrung am nächsten kommt, mit Gott verbunden zu sein.

In diesem Zusammenhang ist es hilfreich, sich daran zu erinnern, dass es ein zentrales Anliegen der Gewaltfreien Kommunikation ist, sich mit anderen Menschen auf eine Art zu verbinden – und dadurch mit der „göttlichen Energie" –, die es möglich macht, dass einfühlsames Geben stattfindet. Es ist ein Geben, das freiwillig und von Herzen kommt, bei dem wir uns und anderen einen Dienst erweisen. Es kommt nicht aus einem Gefühl von Pflicht und Verpflichtung, nicht aus Angst vor Bestrafung, nicht aus der Hoffnung auf eine Belohnung und nicht aus Schuld oder Scham. Es kommt aus dem, was ich als unsere wahre Natur betrachte, unsere Natur, es zu genießen, wenn wir einander geben. In der Gewaltfreien Kommunikation bemühen wir uns, uns auf eine Art miteinander zu verbinden, die es unserer Natur erlaubt, sich offen zu zeigen. Einige Menschen werden sich vielleicht fragen, ob ich nicht angesichts der ganzen Gewalt in der Welt ein wenig naiv und ahnungslos bin, zu behaupten, es sei unsere Natur, das Geben zu genießen. Wie komme ich auf den Gedanken, es könnte unsere Natur sein, mitfühlendes Geben zu genießen – bei all dem, was in der Welt passiert? Leider sehe ich all die Gewalt. Ich arbeite in Ruanda, Israel, Palästina, Sri Lanka und ich bin mir der ganzen Gewalt in der Welt sehr bewusst, aber ich denke nicht, dass sie unsere wahre Natur widerspiegelt.

An jedem Ort, an dem ich arbeite, frage ich die Menschen Folgendes: „Denken Sie an etwas, das sie innerhalb der letzten vierundzwanzig Stunden gemacht haben, das auf irgendeine Art das Leben für jemand anderen verschönert hat.“ Und wenn sie sich an etwas erinnert haben, frage ich: „Wie fühlen sie sich jetzt, in diesem Moment, wenn sie sich bewusst machen, wie diese Handlung dazu beigetragen hat, das Leben eines anderen Menschen zu verschönern?“ Und alle haben ein Lächeln auf ihrem Gesicht. Sie sehen also: Es fühlt sich gut an, wenn wir uns unserer Macht, das Leben zu bereichern, bewusst werden. Es fühlt sich gut an, dem Leben zu dienen. Und dann frage ich die Menschen: „Können Sie sich vorstellen, dass es etwas gibt, das unser Leben mehr erfüllt, als unsere Energie auf diese Art einzusetzen?“ Und ich habe diese Frage überall auf der Welt gestellt, und alle, die ich fragte, scheinen einverstanden mit meiner Schlussfolgerung zu sein: Es gibt nichts, was besser ist, nichts, was sich besser anfühlt, nichts, was freudvoller ist, als unsere Bemühungen in den Dienst des Lebens zu stellen und gegenseitig zu unserem Wohlergehen beizutragen.

FRAGE: Wie verhindern Sie, dass sich das Ego in Ihre Verbindung zu Gott einmischt?

ANTWORT: Indem ich das Ego als etwas anerkenne, das sehr eng damit verbunden ist, wie mich meine Kultur gelehrt hat, zu denken und zu kommunizieren. Das Ego ist verknüpft mit der Art, wie mich diese Kultur darin ausgebildet hat, meine Bedürfnisse auf eine bestimmte Art und Weise zufrieden zu stellen. Deshalb kann es passieren, dass ich meine Bedürfnisse mit bestimmten Strategien verwechsele, die ich einsetzen kann, um meine Bedürfnisse zu erfüllen. Ich versuche mir deshalb bewusst zu machen, inwieweit mich die Kultur programmiert hat, Dinge zu tun, die wirklich nicht in meinem besten Interesse sind. Das ist immer dann der Fall, wenn ich mehr von meinem Ego geleitet handle als aus meiner Verbindung mit der „göttlichen Energie". Ich habe mich bemüht, mich dafür zu sensibilisieren, mir dieses kulturell erlernte Denken bewusst zu machen, und das habe ich in die Gewaltfreie Kommunikation integriert.

FRAGE: Dann glauben Sie also, dass die Sprache unserer Kultur uns daran hindert, unsere „göttliche Energie" tiefer zu erfahren?

ANTWORT: Oh ja, definitiv. Ich denke, dass es uns unsere Sprache wirklich schwer macht, besonders die Sprache, die uns durch unsere kulturelle Konditionierung mitgegeben wurde. Diese Konditionierung scheinen wir fast alle erlebt zu haben – denken Sie nur an die Assoziationen, die das Wort „Gott" hervorruft. Urteile oder Richtig-und-Falsch-Denken gehören wohl zu den am schwersten zu überwindenden Dingen, die ich im Verlauf der Jahre gefunden habe, seitdem ich Gewaltfreie Kommunikation unterrichte. Die Leute, mit denen ich arbeite, haben alle Schulen und Kirchen besucht. Wenn ihnen die Gewaltfreie Kommunikation gefällt, dann fällt es ihnen sehr leicht zu sagen, dass dies der „richtige Weg" sei zu kommunizieren. Es ist sehr einfach zu denken, dass Gewaltfreie Kommunikation das Ziel ist.

Ich habe eine buddhistische Parabel abgewandelt, die etwas zu dieser Frage erzählt. Stellen Sie sich einen wunderschönen, vollkommenen und heiligen Ort vor. Und stellen Sie sich vor, dass Sie Gott wirklich erkennen können, wenn Sie sich an diesem Ort befinden. Aber nehmen wir an, dass ein Fluss Sie von diesem Ort trennt. Sie würden gerne an diesen Ort gelangen, aber dazu müssen Sie erst diesen Fluss überqueren. Deshalb besorgen Sie sich ein Floß. Dieses Floß ist genau das richtige Hilfsmittel, um Sie über den Fluss zu bringen. Sobald Sie erst einmal auf der anderen Seite des Flusses angelangt sind, müssen Sie nur noch wenige Kilometer zurücklegen, um an diesen wunderbaren Ort zu gelangen. Aber die buddhistische Parabel endet folgendermaßen: „Der ist ein Narr, der den Weg zum heiligen Ort fortsetzt, und sich dabei das Floß auf seinen Rücken lädt."

Gewaltfreie Kommunikation ist ein Werkzeug, um mir über meine kulturelle Konditionierung hinwegzuhelfen, damit ich zu dem wunderschönen Ort gelangen kann. GFK ist nicht der Ort. Wenn wir uns von dem Floß abhängig machen, uns an das Floß ketten, wird es uns schwerer fallen, zu dem Ort zu kommen. Die Leute, die gerade den Prozess der Gewaltfreien Kommunikation erlernen, verlieren manchmal diesen Ort aus den Augen. Wenn sie sich zu sehr an das Floß klammern, wird der Prozess mechanisch.

Gewaltfreie Kommunikation ist eins der wirksamsten Werkzeuge, die ich gefunden habe, mich mit Menschen auf eine Weise zu verbinden, die uns hilft, uns mit dem Göttlichen zu verbinden. Dadurch wird alles, was wir füreinander tun, aus einer göttlichen Energie gespeist. Das ist der Ort, an den ich gelangen möchte.

FRAGE: Ist dies die spirituelle Grundlage der Gewaltfreien Kommunikation?

ANTWORT: Die spirituelle Grundlage liegt für mich in dem Versuch, mich mit der göttlichen Energie in anderen zu verbinden und andere mit der göttlichen Energie in mir zu verbinden. Ich glaube nämlich, dass es die Menschen mehr als alles andere schätzen, zu ihrem gegenseitigen Wohlergehen beizutragen, sofern sie wirklich mit dem Göttlichen in sich selbst und in anderen verbunden sind. Für mich stellt es sich so dar: Wenn wir mit dem Göttlichen in anderen und in uns selbst verbunden sind, werden wir genießen, was immer geschieht – und das ist die spirituelle Grundlage. An diesem Ort kann keine Gewalt existieren.

FRAGE: Ist dieser Mangel an Verbindung zur göttlichen Energie verantwortlich für die Gewalttätigkeit in der Welt?

ANTWORT: Ich würde es so ausdrücken: Ich denke, dass uns das Geschenk gegeben wurde zu wählen, wie wir die Welt gestalten wollen. Und uns ist diese großartige und reiche Welt gegeben worden, um daraus eine Welt der Freude und des gegenseitigen Nährens zu erschaffen. Aus meiner Sicht kommt die Gewalt dann in die Welt, wenn wir uns von dieser Energie entfremden oder entfernen.

Wie gelingt es uns nun, diese Verbindung aufzubauen, wenn wir dazu erzogen worden sind, abgetrennt zu leben? Ich glaube, dass es unsere kulturelle Konditionierung und unsere Erziehung sind, die uns von Gott trennen, besonders unsere religiöse Erziehung über Gott. Ich glaube, dass Gewalt darauf zurückgeht, wie wir erzogen wurden, und dass die Ursache nicht in unserer menschlichen Natur zu suchen ist. Dem Theologen Walter Wink zufolge sind wir ungefähr achttausend Jahre lang auf eine Weise erzogen worden, die uns Gewalt als amüsant erleben lässt und uns von unserer mitfühlenden Natur trennt. Und warum wurden wir auf diese Art erzogen? Das ist eine lange Geschichte, und ich möchte hier nur so weit darauf eingehen, dass ich sage, dass es mit Mythen über die menschliche Natur begann. Diese Mythen begannen sich vor langer Zeit zu entwickeln, Mythen, denen zufolge die Menschen im Grunde bösartig und egoistisch sind, und die ein Bild von einem guten Leben vermitteln, in dem heldenhafte Mächte böse Mächte vernichten. Wink schreibt darüber, wie Herrschaftskulturen bestimmte Lehren über Gott benutzen, um die Unterdrückung aufrechtzuerhalten. Das ist der Grund, warum sich Priester und Könige häufig sehr nahe standen. Die Könige brauchten die Priester, um die Unterdrückung zu rechtfertigen, um die heiligen Schriften auf eine Art zu interpretieren, die Bestrafung, Herrschaft usw. rechtfertigten.

Deshalb haben wir lange unter einer zerstörerischen Mythologie gelebt und diese zerstörerische Mythologie verlangt eine bestimmte Sprache, eine Sprache, die Leute entmenschlicht, sie in Objekte verwandelt. Deshalb haben wir gelernt, über uns selbst in Begriffen von moralischen Urteilen zu denken. Wir haben Wörter wie „richtig“, „falsch“, „gut“, „schlecht“, „egoistisch“, „selbstlos“, „Terroristen und Freiheitskämpfer“ in unseren Köpfen. Gerechtigkeit basiert in diesen Begriffen auf der Vorstellung, dass bestimmte Menschen etwas „verdient“ haben, dass sie es verdient haben, bestraft zu werden, wenn sie schlechte Dinge tun. Wer hingegen Gutes tut, verdient eine Belohnung. Unglücklicherweise sind wir dieser Schulung unseres Bewusstseins ungefähr 8.000 Jahre lang ausgesetzt worden. Ich denke, dass der Kern der Gewalt auf unserer Erde in einer fehlerhaften Erziehung liegt. Der Prozess der Gewaltfreien Kommunikation ist eine Integration von Gedanken, Sprache und Kommunikation, von dem ich meine, dass er uns näher zu unserer eigentlichen Natur führt. Er hilft, uns miteinander zu verbinden, damit wir wieder zu dem gelangen, was wirklich der Inhalt eines freudvollen Lebens ist, nämlich gegenseitig zu unserem Wohlergehen beizutragen.

FRAGE: Wie überwinden wir diese kulturelle Konditionierung?

ANTWORT: Ich bewege mich oft unter Menschen, die mit einem großen Schmerz leben. Ich erinnere mich daran, wie ich mit 20 Serben und 20 Kroaten zusammengearbeitet habe. Einige von ihnen hatten Familienmitglieder verloren, die von der Gegenseite getötet worden waren. Ihnen allen waren seit Generationen vergiftende Gedanken über der Gegenseite in ihre Köpfe gepresst worden. Drei Tage verbrachten sie damit, sich gegenseitig ihren Zorn und Schmerz auszudrücken. Glücklicherweise waren wir ungefähr sieben Tage dort zusammen.

Ein Wort, das ich bis jetzt noch nicht benutzt habe, um über die Macht der GFK zu sprechen, ist das Wort „unvermeidlich". Ich habe es schon oft erlebt, dass es – egal was passiert ist – für Menschen, die sich auf diese bestimmte Weise verbinden, unvermeidlich ist, dass sie es am Ende genießen werden, einander zu geben. Es ist unvermeidlich. Für mich ist meine Arbeit, als schaute ich einer Zaubervorführung zu. Es ist zu schön, um es in Worte zu fassen.

Aber manchmal arbeitet diese göttliche Energie nicht so schnell, wie ich es gerne hätte. Ich erinnere ich mich daran, wie ich in all dem Zorn und Schmerz dort gesessen und gedacht habe: „Göttliche Energie, wenn du dieses ganze Zeugs heilen kannst, warum nimmst du dir so viel Zeit, warum lässt du diese Leute durch all das hindurchgehen?" Und die Energie sprach zu mir und sagte: „Du machst einfach das, was du tun kannst, um die Verbindung herzustellen. Bring deine Energie ein. Verbinde dich und hilf den anderen Menschen, sich zu verbinden. Den Rest lasse meine Sorge sein." Obwohl das in einem Teil meines Gehirnes ablief, wusste ich doch, dass Freude unvermeidlich war. Wenn wir nur verbunden bleiben können mit unserer eigenen göttlichen Energie und mit der der anderen.

Und es geschah. Es geschah in großer Schönheit. Am letzten Tag redeten alle über Freude. Und viele von ihnen sagten: „Weißt du, dass ich schon geglaubt habe, ich würde nie wieder Freude würde empfinden können, nach allem, was ich erlebt habe." Und das lag allen auf den Lippen. An diesem Abend haben die 20 Serben und die 20 Kroaten, deren gegenseitiges Verhältnis sieben Tage früher von ihrem unvorstellbaren Schmerz geprägt war, zusammen getanzt, gesungen und gemeinsam die Freude am Leben gefeiert.

FRAGE: Gewinnen wir diese Verbindung zueinander, indem wir Gott erkennen?

ANTWORT: Ich möchte nicht auf intellektuelle Spekulationen über Gott eingehen. Wenn wir mit „Gott erkennen" diese vertrauliche Verbindung mit der „geliebten göttlichen Energie" meinen, dann wird jede Sekunde zum Gewinn, als ob wir den „Himmel" erleben.

Der Himmel, den ich erfahre, wenn ich „Gott erkenne", ist das Wissen um dieses Unvermeidliche. Es ist unvermeidlich, egal was auch immer passiert, wenn wir dieses Niveau der Verbindung miteinander erreichen, wenn wir in Kontakt zu jener göttlichen Energie der anderen Menschen treten, so ist es unvermeidlich, dass wir es genießen werden zu geben. Und wir werden dem Leben etwas zurückgeben. Ich bin mit vielen Menschen durch solch schauderhafte Dinge hindurchgegangen, dass ich mir darum keine Sorgen mehr mache. Es ist unvermeidlich. Wenn wir diese Qualität der Verbindung erreichen, wird uns gefallen, wohin sie uns trägt.

Es erstaunt mich, wie wirksam es ist. Ich könnte Ihnen ähnliche Beispiele erzählen: von den extremistischen Israelis, sowohl den politischen als auch den religiösen, auf der einen Seite und den gleichermaßen extremen Palästinensern auf der anderen Seite und von den Hutus und den Tutsis und den christlichen und den muslimischen Stämmen in Nigeria. Bei ihnen allen war ich immer wieder erstaunt, wie leicht es ist, diese Versöhnung und Heilung herbeizuführen. Alles, was wir dafür tun müssen, ist, beide Seiten dazu zu bringen, sich mit den Bedürfnissen der Personen der anderen Seite zu verbinden. Für mich sind die Bedürfnisse der schnellste und nahe liegendste Weg, um in Verbindung zu dieser „göttlichen Energie" zu kommen. Alle Menschen haben die gleichen Bedürfnisse – weil wir lebendige Wesen sind.

FRAGE: Wie genau erreichen wir diese Verbindung mit der göttlichen Energie und mit anderen Menschen?

ANTWORT: Es gibt zwei grundlegende Abschnitte in diesem Prozess. Der erste Abschnitt umfasst, dass wir lernen, uns in einer Sprache des Lebens auszudrücken. Die andere Hälfte des Prozesses befasst sich damit, wie wir auf die Mitteilungen von anderen Menschen reagieren. In der Gewaltfreien Kommunikation bemühen wir uns, unsere Aufmerksamkeit zu konzentrieren, indem wir zwei kritische Fragen beantworten: „Was ist lebendig in uns?" „Was können wir tun, um das Leben wunderbarer zu machen?"

Die **erste Frage** – „Was ist lebendig in mir, was ist lebendig in dir?" – ist eine Frage, die sich Menschen überall auf dieser Erde stellen, wann immer sie zusammenkommen: „Wie geht es dir?"

Obwohl viele Leute diese Frage stellen, können leider die wenigsten wirklich befriedigend auf sie antworten, weil wir nicht gelernt haben, die Sprache des Lebens zu gebrauchen. Uns ist nicht wirklich beigebracht worden, die Frage zu beantworten. Wir stellen sie, ja, aber wir wissen keine befriedigende Antwort darauf. Die Gewaltfreie Kommunikation zeigt einen Weg, wie wir Menschen mitteilen können, was in uns lebendig ist. Sie zeigt uns, wie wir uns mit dem verbinden, was in anderen Menschen lebendig ist, selbst wenn diese keine Worte dafür haben, es uns zu sagen.

FRAGE: Wie drücken wir aus, was in uns lebendig ist?

ANTWORT: Ausdrücken, was in uns lebendig ist, verlangt Kompetenz auf drei Ebenen.

Zuerst einmal müssen wir fähig sein, die Frage „Was ist lebendig in mir?“ zu beantworten, ohne eine Bewertung in die Antwort einzuflechten. Das ist es, was ich eine Beobachtung nenne. Was macht oder tut jemand, das ich entweder mag oder nicht mag? Das sind wichtige Informationen, die wir damit übermitteln. Um den Menschen mitzuteilen, was in uns lebendig ist, müssen wir der anderen Person mitteilen, was sie tut und was das Leben in uns unterstützt, oder was sie macht, das das Leben in uns nicht unterstützt. Aber es ist sehr wichtig zu lernen, wie wir das gegenüber Menschen ausdrücken, ohne eine Bewertung mit einfließen zu lassen. Das ist also der erste Schritt bei unserem Versuch, anderen Menschen zu sagen, was in uns lebendig ist: Wir versuchen die Aufmerksamkeit einer anderen Person zu erhalten, indem wir ganz konkret und spezifisch ausdrücken, was die Person tut. Unabhängig davon, ob uns das gefällt oder nicht gefällt, drücken wir es aus, ohne dass wir eine Bewertung in unsere Aussage mit einfließen lassen.

Wenn wir eine Beobachtung vor Augen haben von dem, was eine Person tut, wollen wir, wenn wir Gewaltfreie Kommunikation benutzen, der anderen Person gegenüber ehrlich sein. Dabei handelt es sich aber um eine andere Aufrichtigkeit als die, mit der wir anderen Menschen mitteilen, was mit ihnen nicht stimmt. Es ist keine Ehrlichkeit, die ein Falsch beinhaltet, es ist eine Aufrichtigkeit von Herzen. Wir wollen nach innen schauen und der anderen Person mitteilen, was in uns lebendig ist, wenn diese Person auf eine bestimmte Art handelt. Und das schließt die anderen beiden Formen der Kompetenz ein, die wir brauchen: Die Kompetenz, unsere Gefühle zu erkennen und zu benennen, und die Kompetenz, unsere damit verbundenen Bedürfnisse zu erkennen und zu benennen. *Um klar auszusprechen, was uns in jedem gegebenen Moment bewegt, müssen wir uns klar darüber sein, was wir empfinden und was wir brauchen.* Lassen Sie uns also mit den Gefühlen beginnen.

Wir haben in jedem Moment **Gefühle**. Das Problem ist, dass wir nicht gelernt haben, uns bewusst zu sein, was in uns lebendig ist. Unser Bewusstsein ist mehr auf Äußerlichkeiten ausgerichtet worden. Wir sollen uns darauf konzentrieren, was Autoritäten darüber denken, wie wir sind. Es gibt jedoch andere Wege, wie wir unsere Gefühle ausdrücken können, die auch davon abhängig sind, in welcher Kultur wir aufgewachsen sind. In jedem Fall ist es wichtig, einen Wortschatz für Gefühle* zu haben. Diese Gefühlsworte sollen wirklich nur das beschreiben, was in uns lebendig ist, und keine Beurteilungen anderer Menschen einschließen. Wir wollen keine Wörter wie *„missverstanden"* benutzen, weil das kein wirkliches Gefühl ist. Dieses Wort sagt eher etwas darüber aus, wie wir analysieren, ob die andere Person uns verstanden oder nicht verstanden hat. Wenn wir denken, dass uns manchmal jemand missversteht, sind wir vielleicht böse oder frustriert – oder empfinden noch ganz andere Gefühle. Ebenso wollen wir keine Wörter wie *„manipuliert"*, oder *„kritisiert"* benutzen. Es sind keine Gefühle in dem Sinne, wie wir Gefühle in unseren Schulungen erklären. Bedauerlicherweise haben sehr wenige Leute einen großen Gefühlswortschatz. Ich sehe die Folge davon sehr oft bei meiner Arbeit.

Ist es wirklich ein Ausdruck von dem, was in Ihnen lebendig ist, von Ihren Gefühlen? Stellen Sie sicher, dass es keine gedankliche Diagnose über andere ist. Schauen Sie in Ihr Herz: Wie fühlen Sie sich, wenn die andere Person das macht, was sie macht?

FRAGE: Schlagen Sie vor, dass wir den Menschen einfach sagen, was wir fühlen, und damit ist schon alles Nötige getan?

ANTWORT: Nein, Gefühle können sogar auf eine zerstörerische Weise benutzt werden, wenn wir versuchen anzudeuten, dass das Verhalten von anderen Menschen die Ursache für unsere Gefühle ist. *Die Ursache für unsere Gefühle sind unsere Bedürfnisse, nicht das Verhalten anderer Menschen.* Und das ist die dritte Komponente, um auszudrücken, was in uns lebendig ist: Bedürfnisse. Mit dem in Verbindung zu kommen, was in uns lebendig ist, heißt auch, mit unserer eigenen göttlichen Energie in Verbindung zu kommen.

* Ein umfassendes Verzeichnis von Begriffen für Gefühle und Bedürfnisse findet sich in: Rosenberg, M.B.: Gewaltfreie Kommunikation – Eine Sprache des Lebens, Paderborn, Junfermann, 2004.

Als ich sechs Jahre alt war, pflegten wir in meinem Viertel Folgendes zu sagen, wenn uns jemand eine Beschimpfung nachrief: „Stöcke und Steine können meine Knochen brechen, aber Worte werden mich nie verletzen." *Uns war dann bewusst, dass es nicht das ist, was andere Menschen tun, was uns verletzt; es ist, wie wir es auffassen.* Aber wir wurden von Behörden, Lehrern und Eltern auf eine schuldeinflößende Art erzogen. Sie benutzten Schuld, um uns dahin zu bringen, das zu machen, was sie wollten. Sie haben ihre Gefühle wohl auf diese Art ausgedrückt: „Es verletzt mich, wenn du dein Zimmer nicht aufräumst!" „Du machst mich ärgerlich, wenn du deinen Bruder schlägst." Wir sind von Menschen erzogen worden, die sich bemühten, uns dazu zu bringen, dass wir Verantwortung für ihre Gefühle übernehmen, so dass wir uns dann schuldig fühlen. Gefühle sind wichtig, aber wir wollen sie nicht auf diese Weise benutzen. Wir wollen sie nicht auf eine schuldeinflößende Weise benutzen. Wenn wir unsere Gefühle ausdrücken, ist es wichtig, dass wir dem Ausdruck unserer Gefühle eine Aussage folgen lassen, die klar macht, dass unsere Bedürfnisse die Ursache für unsere Gefühle sind.

FRAGE: Was hindert Menschen daran, geradeheraus zu sagen, was sie brauchen?

ANTWORT: Ebenso wie es für viele Leute schwierig ist, eine Kompetenz für den Ausdruck ihrer Gefühle zu erlangen, ist es auch sehr schwierig für sie, eine Kompetenz für das Erkennen ihrer **Bedürfnisse** zu entwickeln. Viele Menschen haben in der Tat sehr negative Assoziationen im Zusammenhang mit Bedürfnissen. Sie assoziieren Bedürfnisse damit, „bedürftig", abhängig oder egoistisch zu sein. Ich denke, dass dies aus unserer Geschichte erklärbar ist, indem die Menschen seit langer Zeit dazu erzogen worden sind, sich gut in Herrschaftsstrukturen einzufügen, damit sie gegenüber Autoritäten gehorsam und fügsam sind. Sehen Sie, Menschen eignen sich nicht so sehr als gute Sklaven, wenn sie in Kontakt mit ihren Bedürfnissen stehen. Ich ging 21 Jahre lang zur Schule und ich kann mich nicht erinnern, jemals gefragt worden zu sein, welche Bedürfnisse ich habe. Und meine Ausbildung konzentrierte sich nicht darauf, mir zu helfen, mich lebendiger zu fühlen, mehr in Kontakt mit mir und anderen zu sein. Sie war darauf ausgerichtet, mich zu belohnen, wenn ich die Fragen der Autoritäten richtig beantwortet hatte. Schauen Sie sich die Wörter an, die Sie benutzen, um Ihre Bedürfnisse zu beschreiben. Bedürfnisse enthalten keinen Bezug auf bestimmte Menschen, die bestimmte Dinge tun. Bedürfnisse sind universell. Alle Menschen haben die gleichen Bedürfnisse.

Wenn wir uns auf der Ebene der Bedürfnisse verbinden können, wenn wir unsere gegenseitige Menschlichkeit erkennen können, dann ist es faszinierend, wie Konflikte, die unlösbar erscheinen, lösbar werden. Ehemänner und Ehefrauen, Eltern und Kinder, Volksstämme – viele von diesen Menschen denken, dass sie unlösbare Konflikte haben. Im Laufe der Jahre, in denen ich Konfliktlösungsarbeit und Mediation praktiziert habe, war es immer wieder erstaunlich für mich zu beobachten, was geschehen kann, wenn wir den Menschen dazu verhelfen, über ihre gegenseitigen Diagnosen hinwegzukommen. Wenn wir sie dahin bringen, dass sie sich auf der Ebene der Bedürfnisse mit dem verbinden, was in ihnen lebendig ist, scheinen sich unlösbare Konflikte in Wohlgefallen aufzulösen.

FRAGE: Was ist also der nächste Schritt nach den Gefühlen und Bedürfnissen?

ANTWORT: Jetzt haben wir die drei Bestandteile einer Information zusammengetragen, die notwendig sind, um die Frage zu beantworten: „Was ist lebendig in uns?“ Wir haben ausgedrückt, was wir beobachten, was wir empfinden und welches die Bedürfnisse sind, die mit unseren Gefühlen verbunden sind.

Das bringt uns zur **zweiten Frage**, und die steht in Verbindung mit der ersten: „Was können wir tun, um das Leben schöner zu machen – was können Sie für mich tun, um mein Leben zu bereichern, was kann ich für Sie tun, damit Sie Ihr Leben als lebenswerter erfahren?“ Damit sind wir bei der zweiten Voraussetzung angelangt, wenn wir uns mit der göttlichen Energie in uns verbinden wollen. Wie können wir eine empathische Verbindung zu dem herstellen, was in der anderen Person lebendig ist? Dabei ist unser Ziel, das Leben der anderen zu bereichern. Lassen Sie mich erklären, was ich mit empathischer Verbindung meine. Empathie ist eine besondere Art von Verständnis. Es ist kein Verständnis, das über den Verstand zu erlangen ist, wo wir einfach mental verstehen, was eine andere Person sagt. Es ist etwas viel Tieferes und Kostbareres als das. Empathische Verbindung ist ein Verständnis im Herzen, wo wir die Schönheit, die göttliche Energie in der anderen Person sehen, das Leben, das in ihr pulsiert. Damit verbinden wir uns. Es geht um kein verstandesmäßiges Begreifen, wenn wir uns auf diese Art verbinden. Es bedeutet auch nicht, dass wir die gleichen Gefühle wie die andere Person empfinden müssen. Wenn wir uns z.B. traurig fühlen, weil eine andere Person aufgebracht ist, dann ist das Sympathie. Es bedeutet also nicht, dass wir die gleichen Gefühle haben müssen, es bedeutet vielmehr, dass wir bei der anderen Person sind.

Diese Qualität des Verständnisses verlangt eines der kostbarsten Geschenke, das ein Mensch einem anderen geben kann: unsere vollständige Präsenz in einem bestimmten Moment. Wenn wir versuchen, die andere Person über den Verstand zu verstehen, sind wir in diesem Moment nicht präsent für diese Person. Wir sitzen da und analysieren sie, aber wir sind nicht wirklich bei ihr. Deshalb beinhaltet empathische Verbindung, dass wir uns mit dem *verbinden, was in diesem Moment in der anderen Person lebendig ist.*

FRAGE: Was hält uns davon ab, uns gegenseitig mit dem Lebendigen in uns zu verbinden, wie Sie es vorschlagen?

ANTWORT: Wir sind dazu erzogen worden zu denken, dass mit uns etwas nicht ganz in Ordnung ist. Ich schlage deshalb vor nie, nie, nie auf das zu hören, was andere Menschen über einen denken. Sie werden länger leben und Sie werden das Leben mehr genießen, wenn Sie niemals das hören, was Leute über Sie denken. Nehmen Sie es niemals persönlich. Die Empfehlung, die ich gebe, lautet, dass wir lernen, uns mit jeglicher Botschaft, die von anderen Menschen kommt, empathisch zu verbinden. Und die Gewaltfreie Kommunikation zeigt uns einen Weg, diesen Vorschlag umzusetzen. Sie zeigt uns einen Weg, in jedem Moment unseres Lebens die Schönheit in der anderen Person zu sehen, ungeachtet ihres Verhaltens oder ihrer Ausdrucksweise. Dafür müssen wir uns mit den Gefühlen und Bedürfnissen der Person in diesem Augenblick verbinden, mit dem, was in ihr lebendig ist. Und wenn wir das tun, dann werden wir hören, dass die andere Person ein sehr schönes Lied singt.

Ich arbeitete im US-Staat Washington mit einer Gruppe Zwölfjähriger und erklärte ihnen, wie sie empathische Beziehungen mit anderen Menschen aufbauen können. Sie wollten, dass ich ihnen zeige, wie sie mit ihren Eltern und Lehrern umgehen können. Sie hatten Angst, dass es auf sie zurückschlagen würde, wenn sie sich öffneten, und enthüllten, was in ihnen lebendig war. Einer der Schüler sagte: „Marshall, ich war ehrlich zu einer meiner Lehrerinnen. Ich sagte, dass ich sie nicht verstand, und ich bat sie, es noch einmal zu erklären, und die Lehrerin sagte: ‚Hörst du nicht zu? Ich habe das schon zweimal erklärt.'“ Ein anderer Junge sagte: „Ich habe gestern meinen Vater um etwas gebeten. Ich habe mich bemüht, meine Bedürfnisse ihm gegenüber auszudrücken, und er hat gesagt: ,Du bist das egoistischste Kind in der ganzen Familie.'" Die Schüler waren sehr begierig, dass ich ihnen zeigte, wie sie sich mit den Menschen in ihrem Umfeld, die eine derartige Sprache benutzten, empathisch verbinden konnten. Sie hatten nichts anderes gelernt, als es persönlich zu nehmen, zu denken, dass etwas falsch mit ihnen war. Ich zeigte den Schülern, was sie lernen mussten, um zu hören, dass die anderen (Eltern und LehrerInnen) nichts anderes tun, als ein schönes Lied zu singen, ein Lied über ihre Bedürfnisse. Das ist es, was Sie hinter jeder Mitteilung hören werden, die Sie von einem anderen menschlichen Wesen empfangen, wenn Sie sich in diesem Moment mit der göttlichen Energie in der Person in Verbindung setzen. Alles, was Sie dazu lernen müssen, ist, sich empathisch mit anderen Menschen verbinden zu können.

FRAGE: Können Sie ein Beispiel dafür geben, wie eine empathische Verbindung mit einer anderen Person hergestellt wird?

ANTWORT: Wir haben damit begonnen, dass wir einer anderen Person mitteilen, was sie getan hat, wie wir uns fühlen und welche unserer Bedürfnisse nicht erfüllt werden. Was könnten wir jetzt tun, um das Leben schöner zu machen? Das nimmt Gestalt an in Form einer klaren Bitte. Wir müssen von der anderen Person erbitten, welche Handlung wir von ihr wünschen, um unser Leben schöner zu machen. Wir haben ihr den Schmerz mitgeteilt, den wir angesichts ihres Verhaltens empfinden, ihr gesagt, welche unserer Bedürfnisse nicht zufrieden gestellt werden. Jetzt werden wir ihr sagen, was wir möchten, das sie für uns tut, um das Leben für uns wunderbarer zu machen.

Gemäß der Gewaltfreien Kommunikation sprechen wir unsere Bitte in einer positiven Handlungssprache aus. Lassen Sie mich erklären, was ich damit meine. Positiv bedeutet, dass Sie sagen, was die andere Person aktiv tun soll, anstatt dass Sie sagen, was Sie nicht wollen, oder dass Sie sagen, womit die andere Person aufhören soll es zu tun. Wir begegnen Menschen auf einer anderen Ebene, wenn wir uns klar darüber sind, was wir wollen, statt dass wir ihnen sagen, was wir nicht wollen. Ein gutes Beispiel dafür lieferte mir eine Lehrerin, die kürzlich eines meiner Seminare besuchte. Sie sagte: „Ach, Marshall, du hast mir gerade geholfen zu verstehen, was mir gestern passiert ist." Ich sagte: „Was war das?" Sie sagte, „Da war ein Junge, der mit den Fingern auf seinem Buch trommelte, während ich zur Klasse sprach. Und ich sagte: ‚Würdest du bitte aufhören, auf deinem Buch zu trommeln.' Da begann er, auf dem Tisch zu trommeln."

Sie sehen, dass es einen himmelweiten Unterschied macht, ob wir Menschen mitteilen, was wir nicht wollen, oder ob wir ihnen sagen, was wir wollen. Wenn wir jemanden dazu bewegen wollen, mit etwas aufzuhören, dann könnte die Androhung von Strafe als eine wirksame Strategie erscheinen. Aber wenn wir uns zwei Fragen stellen, würden wir nie wieder Bestrafungen einsetzen. Wir würden nie mehr Kinder bestrafen, wir würden ein Rechtssystem und ein Fördersystem zur Integration von Straftätern schaffen, das keine Verbrecher für das bestraft, was sie getan haben. Wir würden keine anderen Nationen für das bestrafen, was sie uns antun. Bestrafung ist ein Spiel, bei dem alle Seiten verlieren. Das können wir erkennen, wenn wir uns diese zwei Fragen stellen. Frage Nummer eins: *Was wollen wir, dass die andere Person macht?* Sehen Sie, wir fragen nicht nach dem, was wir nicht wollen. *Was wollen wir, dass sie macht?* Wenn wir uns allerdings nur diese Frage stellen, könnte es immer noch zweckmäßig erscheinen, Bestrafung einzusetzen. Bestrafung kann ein Mittel sein, das manchmal funktioniert. Wir alle können uns wahrscheinlich an Zeiten erinnern, als wir Bestrafung erfolgreich eingesetzt haben – erfolgreich in dem Sinn, dass wir jemanden dazu gebracht haben zu tun, was wir von ihm wollten. Aber, wenn wir eine zweite Frage hinzufügen, dann funktioniert Bestrafung niemals. Und was ist die zweite Frage? Wir fragen nach der Motivation der anderen Person. *Aus welcher Motivation heraus soll die andere Person das tun, was ich von ihr möchte?* Das Ziel der Gewaltfreien Kommunikation ist es, Beziehungen zu stiften, dass die Menschen etwas füreinander tun aus Mitgefühl, aus der Verbindung zu einer göttlichen Energie und um dem Leben zu dienen. Nicht aus Angst vor Bestrafung oder Hoffnung auf Belohnungen, sondern wegen der natürlichen Freude, die wir dabei empfinden, wenn wir dazu beitragen, einander gut zu tun. Deshalb formulieren wir unsere Bitte positiv, indem wir ausdrücken, was wir möchten.

FRAGE: Wie drücken Sie Ihre Bedürfnisse als Bitten aus, ohne dass es so klingt, als würden Sie etwas fordern?

ANTWORT: Wir wollen klare, durchführbare Bitten aussprechen, aber wir wollen auch, dass andere Menschen wissen, dass es sich um Bitten handelt und nicht um Forderungen. Worin liegt nun der Unterschied? Zunächst können Sie den Unterschied nicht daran erkennen, wie nett Sie gefragt werden. Wenn wir also jemandem, mit dem wir zusammen wohnen, sagen: „Ich möchte gerne, dass du deine Kleidung aufhängst, wenn du sie ausgezogen hast." Was ist das dann, eine Bitte oder eine Forderung? Sie wissen es noch nicht. Sie können niemals daraus, wie freundlich eine Bitte daherkommt oder wie klar sie formuliert ist, ableiten, ob es sich um eine Bitte oder eine Forderung handelt. Was den Unterschied zwischen einer Bitte und einer Forderung ausmacht, können Sie daran erkennen, wie Sie die Menschen behandeln, wenn sie nicht das machen, um was Sie sie gebeten haben. Das alleine ist es, was den Menschen zeigt, ob eine Bitte oder eine Forderung ausgesprochen wurde.

Nun, was passiert, wenn die Menschen Forderungen hören? Bei einigen Menschen ist das unmittelbar offensichtlich, wenn sie die Bitte als eine Forderung gehört haben. Einmal fragte ich meinen jüngsten Sohn: „Würdest du bitte deinen Mantel an die Garderobe hängen?" Und er sagte: „Wer war dein Sklave, bevor ich geboren wurde?" Mit einem solchen Menschen ist es leicht, denn wenn er Ihre Bitte als eine Forderung hört, wird er es Sie sofort wissen lassen. Andere Menschen aber antworten ganz anders, wenn sie eine Bitte als eine Forderung interpretieren. Sie werden sagen: „In Ordnung", aber dann machen sie es einfach nicht. Der schlimmste Fall aber ist, wenn eine Person eine Forderung hört und sie sagt: „In Ordnung" und sie folgt der Forderung und macht es. Aber sie macht es, weil sie eine Forderung hört. Die Person hat Angst vor dem, was ihr passieren würde, wenn sie es nicht macht. Jedes Mal aber, wenn jemand etwas, das wir erbitten, aus Schuld, Scham, Pflichtgefühl oder Angst vor Bestrafung tut, werden wir dafür zahlen. Für etwas, was Menschen aus dieser Energie für uns tun, werden wir immer zahlen. Wir wollen, dass Menschen nur dann etwas für uns machen, wenn sie mit der göttlichen Energie verbunden sind, die in uns allen existiert.

Die göttliche Energie offenbart sich in der Freude, die wir darin empfinden, wenn wir einander etwas geben. Wir machen es nicht, um Bestrafung, Schuld und all diese Sachen zu vermeiden.

FRAGE: Wie stehen Sie zum Thema Disziplin? Was Sie vorschlagen, klingt so, als ginge es hauptsächlich um Freizügigkeit.

ANTWORT: Einige Menschen können nicht glauben, dass man ein Haus in Ordnung halten kann oder dass eine Regierung wirklich die Ordnung im Land erhalten kann, ohne Menschen zu zwingen, bestimmte Dinge zu tun, oder ohne Forderungen auszukommen. Zum Beispiel sagte einmal eine Mutter, mit der ich zusammenarbeitete: „Aber, Marshall! Zu hoffen, dass alle Menschen aus einer göttlichen Energie heraus handeln, ist ja alles ganz schön und gut, aber wie sieht es bei einem Kind aus? Ich meine, ein Kind muss zunächst lernen, dass es gewisse Dinge gibt, die *es tun muss,* die *es tun soll.*" Diese Mutter benutzte zwei der Wendungen oder Vorstellungen, von denen ich denke, dass sie heute zu den zerstörerischsten Vorstellungen auf unserer Erde gehören: *müssen* und *sollen.* Diese Mutter vertraute nicht darauf, dass die göttliche Energie in Kindern wie auch in Erwachsenen wirkt. Dass sie etwas tun, nicht weil sie fürchten bestraft zu werden, wenn sie es nicht machen, sondern weil sie die Freude sehen, die entsteht, wenn sie zum Wohlergehen anderer Menschen beitragen.

Ich sagte der Mutter: „Ich hoffe, dass ich dir heute einen anderen Weg zeigen kann, wie du deinen Kindern die Dinge näher bringen kannst, damit sie mehr einer Bitte entsprechen. Die Kinder werden dann deine Bedürfnisse sehen können. Sie machen es nicht, weil sie glauben, dass sie etwas machen müssen. Sie werden erkennen, dass sie eine Wahl haben, und dann werden sie aus dieser göttlichen Energie, die ihnen innewohnt, handeln. Sie sagte: „Ich mache jeden Tag alle möglichen Arbeiten, die ich hasse. Aber es gibt nun mal einige Sachen, die muss man einfach machen." Ich sagte: „Kannst du mir ein Beispiel geben?" Sie antwortete: „Also gut. Das ist nur eins von vielen: Wenn ich heute Abend hier herausgehe, muss ich nach Hause fahren und kochen. Ich hasse es zu kochen. Ich hasse es mit aller Leidenschaft, aber es ist einfach eine von den Sachen, die man nun mal tun muss. Seit zwanzig Jahre mache ich das tagein, tagaus, jeden Tag, und ich hasse es. Bestimmte Sachen müssen einfach getan werden." Wie sie sehen können, kochte sie nicht aus einer göttlichen Energie heraus. Sie machte das aus dieser anderen Art von Bewusstsein heraus. Deshalb sagte ich ihr: „Nun, ich hoffe, dass ich dir heute einen Weg zeigen kann zu denken und zu kommunizieren, der dir helfen wird, dich wieder mit deiner göttlichen Energie zu verbinden, und wo du Sicherheit gewinnst, dass all dein Handeln künftig nur aus dieser Energie heraus motiviert sein wird.

Und dann kannst du diese Dinge anderen so präsentieren, damit sie ebenfalls aus dieser Energie heraus handeln."

Sie hat sehr schnell gelernt. Sie ging noch am gleichen Abend nach Hause und verkündete dort ihrer Familie, dass sie nicht mehr länger kochen wollte. Ich bekam eine Rückmeldung von ihrer Familie. Ungefähr drei Wochen später tauchten in einem meiner Seminare niemand anderes als ihre beiden Söhne auf. Sie kamen vor Beginn der Veranstaltung zu mir aufs Podium und sagten mir: „Wir wollten Ihnen sagen, wie viel sich in unserer Familie verändert hat, seit unsere Mutter zu Ihrem Seminar gekommen ist." Ich sagte: „Ach, ja, wisst ihr, ich bin sehr neugierig. Sie erzählten mir von all den Veränderungen, die sie in ihrem Leben machen wollte, und ich habe mich immer wieder erstaunt gefragt, wie das wohl die anderen Familienmitglieder empfinden. Deshalb bin ich sehr froh, dass ihr zwei heute Abend auftaucht. Wie war das zum Beispiel an diesem ersten Abend, als sie nach Hause kam und sagte, dass sie nicht mehr kochen wollte?" Der älteste Sohn antwortete: „Marshall, ich sagte zu mir: ‚Gott sei Dank. Jetzt wird sie sich vielleicht nicht mehr nach jeder Mahlzeit beklagen.'"

FRAGE: Wie kann ich sicher sein, dass ich mich mit dem verbinde, was in einer anderen Person lebendig ist?

ANTWORT: Wenn wir Dinge tun, die nicht aus dieser göttlichen Energie in jeder und in jedem von uns kommen, dieser göttlichen Energie, die das mitfühlende Geben natürlich macht; wenn wir aus irgendeinem kulturell erlernten Muster heraus handeln, also wenn wir Dinge tun, weil wir sollen, müssen, aus einem Gefühl der Schuld, aus Scham, aus Pflichtgefühl oder um Belohnungen zu bekommen, dann bezahlen alle dafür, alle. Die Gewaltfreie Kommunikation möchte uns zur Klarheit darüber anleiten, dass wir nur antworten, wenn unsere Antwort aus dieser göttlichen Energie herauskommt. Und Sie werden wissen, dass es so ist, wenn Sie bereit sind, das zu tun, worum Sie gebeten wurden. Auch wenn es Schwerstarbeit ist, wird es Freude sein, wenn Ihr einziges Motiv ist, das Leben lebenswerter zu machen.

Wenn wir dies nun alles zusammenfügen, ergibt sich folgendes Bild: Wir können einen Dialog mit der anderen Person beginnen, indem wir ihr mitteilen, was in uns lebendig ist, und ihr sagen, was wir möchten, das sie für uns tut, um unser Leben zu verschönern. Dann spielt es überhaupt keine Rolle, wie sie antwortet. Wir versuchen in jedem Fall, uns mit dem zu verbinden, was in ihr lebendig ist, und mit dem, was das Leben für sie schöner machen würde. Und wir erhalten diesen Fluss der Kommunikation aufrecht, bis wir Strategien finden, die den Bedürfnissen aller gerecht werden. Und wir versichern uns, dass die Menschen, welchen Strategien sie auch immer zustimmen, es freiwillig aus dem bereitwilligen Wunsch tun, zum gegenseitigen Wohlergehen beizutragen.

FRAGE: Können Sie ein weiteres Beispiel dafür geben, wie Sie diesen Prozess tatsächlich eingesetzt haben, um sich mit anderen zu verbinden?

ANTWORT: Ich arbeitete in einem Flüchtlingslager in einem Land, das den Vereinigten Staaten von Amerika nicht sonderlich wohlwollend gegenübersteht. Es waren etwa 170 Menschen dort zusammengekommen, und als mein Dolmetscher verkündete, dass ich amerikanischer Staatsbürger bin, sprang einer von ihnen auf und schrie mich an: „Mörder!" Ich war froh, dass ich in diesem Moment etwas von Gewaltfreier Kommunikation verstand. Es ermöglichte mir, die Schönheit hinter der Mitteilung dieses Mannes zu sehen, was in ihm lebendig und menschlich war. Das ist genau das, was wir in Gewaltfreier Kommunikation tun: Wir hören auf die Gefühle und Bedürfnisse hinter jeder beliebigen Aussage. Daher konnte ich diesem Mann antworten: „Empfinden Sie Zorn, weil Ihrem Bedürfnis nach Unterstützung von meinem Land nicht entsprochen wird?" In diesem Fall musste ich mich bemühen, zu erspüren, was er fühlte und brauchte. Ich könnte mich irren, aber selbst wenn wir falsch liegen: Wenn wir uns ernsthaft darum bemühen, uns mit der göttlichen Energie in einem anderen Menschen zu verbinden – seinen Gefühlen, seinen Bedürfnissen in diesem Moment – zeigt das der anderen Person an, dass wir uns nur um das kümmern, was in ihr lebendig ist, egal wie sie mit uns kommuniziert. Und wenn eine Person uns vertraut, dann sind wir auf einem guten Weg dazu, eine Verbindung aufzubauen, mit deren Hilfe die Bedürfnisse von allen erfüllt werden können. Aber in diesem Fall passierte das nicht augenblicklich, weil dieser Mann sehr viel Schmerz in sich trug.

In diesem Fall war es so, dass ich richtig vermutet hatte. Als ich nämlich fragte: „Empfinden Sie Zorn, weil Ihrem Bedürfnis nach Unterstützung von meinem Land nicht entsprochen wird?", sagt er: „Sie haben verdammt Recht." Und er fügte dem hinzu: „Wir haben keine Abwassersysteme. Wir haben kein Dach über dem Kopf. Warum schickt ihr uns eure Waffen?" Also sagte ich: „Wenn ich Sie höre und richtig verstehe, dann sagen Sie, dass es sehr schmerzhaft ist, wenn Sie Dinge wie Abwassersysteme und ein Dach über dem Kopf brauchen – und stattdessen werden Waffen geschickt. Das ist sehr schmerzhaft für Sie." Er sagte: „Natürlich. Können Sie sich überhaupt vorstellen, was es heißt, 28 Jahre unter diesen Bedingungen zu leben?" „Sie sagen mir damit, dass das alles sehr schmerzhaft ist und Sie viel Verständnis brauchen für die Bedingungen, unter denen Sie leben." – Eine Stunde später lud mich der Mann zu einem Ramadan-Essen in sein Haus ein.

Das passiert, wenn wir uns mit dem verbinden können, was in uns lebendig ist, mit der Menschlichkeit in jeder und in jedem von uns, mit den Gefühlen und den Bedürfnissen hinter jeglicher Botschaft. Dies bedeutet nicht, dass wir es immer laut aussprechen müssen. Manchmal ist das, was die Person fühlt und braucht, ganz und gar offensichtlich. Wir müssen es nicht sagen. Sie wird es von unseren Augen ablesen, ob wir uns wirklich bemühen, uns mit ihr zu verbinden. Beachten Sie bitte, dass wir der anderen Person nicht zustimmen müssen. Es bedeutet nicht, dass uns gefällt, was sie sagt. Es bedeutet, dass wir ihr dieses kostbare Geschenk unseres Gegenwärtig-Seins machen, gegenwärtig zu sein für das, was in dieser Person lebendig ist, und dass wir uns dafür interessieren, ernsthaft interessieren. Nicht als Ausdruck einer psychologischen Technik, sondern weil wir uns diesem Moment mit der göttlichen Energie in dieser Person verbinden wollen.

FRAGE: Der Prozess, „sich mit dem Göttlichen in anderen zu verbinden", scheint auf dem Papier ziemlich klar zu sein. Aber ist es nicht sehr schwierig, das auch im wirklichen Leben umzusetzen?

ANTWORT: Fast alle, die beginnen, sich mit Gewaltfreier Kommunikation auseinander zu setzen, sagen zwei Dinge darüber. Zuerst sagen sie, wie leicht es sei, ich meine, wie einfach. Nur gerade diese zwei Fragen – und alles, was wir tun müssen, ist unsere Kommunikation, das Ziel unserer Aufmerksamkeit, unser Bewusstsein auf das auszurichten, was in uns lebendig ist, und auf das, was das Leben wunderbarer machen würde. Wie einfach. Das zweite, was sie sagen, ist, wie schwierig es ist. Nun, wie kann etwas gleichzeitig so einfach und so schwierig sein?

Es ist schwierig, weil uns nicht beigebracht worden ist, über das nachzudenken, was in uns lebendig ist. Wir sind erzogen worden, uns in Strukturen einzupassen, in denen einige wenige Menschen über viele andere herrschen. Uns ist beigebracht worden, dass wir dem, was insbesondere die

Autoritäten über uns denken, größte Beachtung schenken. Wir wissen, dass wir bestraft werden, wenn sie uns als schlecht, falsch, inkompetent, dumm, faul oder egoistisch beurteilen. Wenn sie uns als gute oder schlechte kleine Jungen und Mädchen, gute oder schlechte Angestellte etikettieren, dann werden wir entweder belohnt oder wir werden bestraft. Uns wurde also nicht beigebracht, auf eine Art zu denken und uns zu fragen, was in uns lebendig ist und was das Leben lebenswerter machen würde. Gemäß der Gewaltfreien Kommunikation lassen wir die Menschen wissen, was in uns lebendig ist in Bezug auf das, was sie tun. Wir wollen ehrlich sein, wenn wir Gewaltfreie Kommunikation anwenden, aber wir wollen ehrlich sein, ohne Ausdrücke zu benutzen, die Feindbilder, Unrichtigkeit, Kritik, Beleidigungen und psychologische Diagnosen beinhalten.

Viele Leute glauben, dass das mit einigen Menschen unmöglich umzusetzen ist. Sie glauben, dass einige Menschen einfach beschränkt (oder was auch immer) sind. Unabhängig davon, welche Art von Kommunikation wir verwenden – niemals können wir diese Art von Verbindung mit ihnen aufnehmen. Das entspricht allerdings nicht meiner Erfahrung. Es könnte nur einfach etwas Zeit beanspruchen. So ist es, wenn ich in einem der vielen Gefängnisse auf dieser Welt arbeite. Ich sage nicht, dass diese Art von Verbindung augenblicklich aufgebaut wird. Mit jemandem, der für ein Verbrechen bestraft worden ist, nimmt es vielleicht eine ganze Weile in Anspruch, bis diese Person wirklich Vertrauen fasst, dass ich mich ernsthaft für das interessiere, was in ihr lebendig ist. Manchmal ist es für mich auch nicht leicht, dabei zu bleiben, weil ich durch meine eigene kulturelle Konditionierung in einem früheren Stadium meines Lebens keine Möglichkeit hatte, einen fließenden Umgang mit dieser Art von Kommunikation zu erlernen. Es kann also eine ziemlich große Herausforderung darstellen, es zu lernen.

FRAGE: Wie veranlassen Sie verfeindete Menschen dazu, das Göttliche im anderen zu erkennen?

ANTWORT: Wenn Sie Menschen dazu bringen, sich auf dem Niveau der göttlichen Energie zu verbinden, ist es schwierig, „Feindbilder“ aufrechtzuerhalten. Die Gewaltfreie Kommunikation ist in ihrer reinen Form der kraftvollste und schnellste Weg, den ich gefunden habe, um Menschen zu überzeugen, von lebensverachtenden Denkweisen, durch die sie einander verletzen wollen, wegzukommen und dazu überzugehen, es zu genießen, einander beschenken zu können.

Wenn es einmal gelungen war, dass Menschen sich gegenüberstanden – Hutu und Tutsi, deren Familien sich gegenseitig umgebracht hatten –, war es bewegend mit anzusehen, dass wir sie in zwei bis drei Stunden dazu anleiten konnten, sich gegenseitig zu unterstützen. Es ist unvermeidlich. *Unvermeidlich.* Das ist der Grund, warum ich diesen Ansatz benutze.

Angesichts der ungeheuren Größe des Leidens, die dem vorausgegangen ist, erstaunt es mich, wie einfach es ist und wie schnell es geschehen kann. Die Gewaltfreie Kommunikation heilt Menschen, die viel Schmerz erfahren haben, wirklich schnell. Dies motiviert mich dazu, den Prozess noch schneller zur Entfaltung zu bringen, weil der Weg, auf dem wir ihn jetzt einsetzen – mit nur einigen Menschen zur selben Zeit –, immer noch einige Zeit benötigt.

Wie können wir dies schneller erreichen, für die anderen 800.000 Hutus und Tutsis, die nicht zu unseren Seminaren kommen konnten, und für die restliche Welt? Ich würde gerne herausfinden, was passieren würde, wenn wir Filme oder Fernsehsendungen über diesen Prozess machen könnten. Ich habe gesehen, dass Lernen, Heilung und Versöhnung geschehen kann, wenn Menschen zuschauen, wie zwei Personen stellvertretend durch den Prozess gehen. Ich würde gerne Wege erforschen, die Medien zu nutzen, um großen Menschengruppen dazu zu verhelfen, gemeinsam schnell durch diesen Prozess gehen zu können.

Frage: Wie grundlegend ist unser Bedürfnis, uns gegenseitig etwas zu geben?

ANTWORT: Ich denke, das Bedürfnis, unser Leben gegenseitig zu bereichern, ist eines der grundlegendsten und machtvollsten Bedürfnisse, die wir alle haben. Ich kann es auch anders ausdrücken: Wir alle haben das Bedürfnis, von der göttlichen Energie aus unserem Innern heraus zu handeln. Und ich denke, wenn wir diese göttliche Energie „sind", dann gibt es nichts Schöneres – nichts, bei dem wir mehr Freude empfinden –, als das Leben zu bereichern, als unsere immense Macht zu nutzen, um das Leben zu bereichern.

Aber wann immer wir versuchen, dieses Bedürfnis zu erfüllen, nämlich die „göttliche Energie" zu leben und das Leben zu bereichern, gibt es noch ein weiteres Bedürfnis und eine Bitte, die damit einhergeht. Wir haben ein Bedürfnis nach Informationen, nach einer Rückmeldung von der Person, deren Leben wir zu bereichern versuchen. Deshalb sprechen wir eine Bitte aus, denn wir wollen wissen: „Wird meine Absicht durch mein Handeln erfüllt? War mein Versuch erfolgreich, einen Beitrag zum Leben der anderen Person zu leisten?“

In unserer Kultur wird diese Bitte in die Erwartung verdreht, dass wir ein an die andere Person gerichtetes „Bedürfnis“ haben, sie müsse uns für das lieben, was wir getan haben. Sie soll uns für unsere Taten anerkennen und bestätigen. Das verzerrt und erdrückt die Schönheit des ganzen Prozesses. Es ist aber nicht die Anerkennung, die wir uns wünschen. Unsere wahre Absicht ist, mit unserer Energie das Leben zu bereichern. Aber wir brauchen die Rückmeldung. Wie kann ich schließlich wissen, ob meine Bemühungen erfolgreich waren, wenn ich keine Rückmeldung bekomme?

Diese Rückmeldung hilft mir zu erkennen, ob ich tatsächlich aus der göttlichen Energie heraus gehandelt habe. Erst wenn eine Kritik genauso wertvoll für mich ist wie ein Dank, dann weiß ich, dass ich mich in Übereinstimmung mit der göttlichen Energie befinde.

FRAGE: Sind Sie auf kulturelle oder sprachliche Hindernisse bei diesem Prozess gestoßen?

ANTWORT: Es verblüfft mich, wie wenige und wie klein sie sind. Als ich mich das erste Mal anschickte, diesen Prozess in einer anderen Sprache zu unterrichten, hatte ich wirklich große Zweifel, ob das möglich sein würde. Ich erinnere mich noch an das erste Mal, als ich nach Europa kam. Es war geplant, dass ich zuerst nach München und dann nach Genf gehen sollte. Mein Kollegin und ich hatten ziemlich große Zweifel, dass wir unsere Ideen in einer anderen Sprache rüberbringen würden. Sie wollte die Präsentation in französischer Sprache durchführen, und ich war dabei, um eventuell aufkommende Fragen zu beantworten. Ich wollte zumindest ausprobieren, ob es möglich sein würde, mit Hilfe von ÜbersetzerInnen ans Ziel zu gelangen. Dann hat alles reibungslos, ohne die geringsten Probleme funktioniert. Diese Erfahrung mache ich seitdem immer wieder und überall und bin überhaupt nicht mehr beunruhigt. Ich spreche Englisch und sie übersetzen es. Das funktioniert problemlos. Ich kann mich an keine Kultur erinnern, in der wir – von wenigen Kleinigkeiten mal abgesehen – ernsthafte Probleme gehabt hätten, das Wesentliche zu übermitteln. Nicht nur, dass wir keine Probleme haben: Überall auf der Welt erzählen mir immer wieder viele Menschen nach Seminaren, dass GFK dasselbe aussagt wie die Essenz ihrer Religion. Es sind Gedanken, die ihnen bekannt sind: Sie sind dankbar für die Darstellung, aber etwas Neues ist es nicht.

Frage: Glauben Sie, dass eine spirituelle Praxis wichtig ist, um Gewaltfreie Kommunikation anzuwenden?

ANTWORT: In all meinen Seminaren empfehle ich den Teilnehmern und Teilnehmerinnen, sich Zeit zu nehmen und sich diese Frage zu stellen: „Was wähle ich, um mich mit anderen menschlichen Wesen zu verbinden?“ Mein Ziel ist, dass sie sich darüber so bewusst wie möglich werden, damit sie sicher sind, dass es ihre Wahl ist und nicht der Weg, wie sie programmiert wurden, zu wählen. Welchen Weg würden Sie wählen, um sich mit anderen menschlichen Wesen zu verbinden?

Dankbarkeit spielt ebenfalls eine große Rolle für mich. Nehmen wir an, ich bin mir einer Handlung bewusst, für die ich Dankbarkeit ausdrücken möchte. Ich weiß auch, wie ich mich fühlte, als die Handlung geschah und welche meiner Bedürfnisse erfüllt wurden. Egal, ob es sich um meine Handlung oder die von jemand anderem handelt: Wenn ich die Dankbarkeit ausspreche, erfüllt mich das mit einem Bewusstsein für die Macht, die wir menschlichen Wesen haben, um das Leben zu bereichern. Es macht mir bewusst, dass wir göttliche Energie sind, dass wir eine dermaßen große Macht haben, dass wir das Leben einzigartig machen können. Und dass es nichts gibt, was wir lieber tun als genau das.

Für mich ist das ein machtvoller Beweis unserer göttlichen Energie. Wir haben diese Macht, das Leben wunderbar zu machen, und es gibt nichts, was wir lieber tun. Das ist der Grund, warum ein Teil meiner spirituellen Praxis darin besteht, mir der Dankbarkeit bewusst zu sein und diese Dankbarkeit auszudrücken.

Frage: Wurden Sie durch Männer wie Gandhi oder Martin Luther King beeinflusst, die versucht haben, zwischen Spiritualität und gesellschaftlichem Wandel zu vermitteln?

ANTWORT: Also, ich wurde sicherlich durch sie beeinflusst, weil ich die Geschichte von Menschen studiert habe, die Dinge auf eine Art getan haben, die ich wertschätze; und dies sind sicherlich zwei Menschen gewesen, die so gehandelt haben. Die Art von Spiritualität, die ich wertschätze, ist eine, bei der man große Freude daraus zieht, wenn sie etwas zum Leben beisteuert, und bei der nicht nur gesessen und meditiert wird; obwohl Meditation sicherlich wertvoll ist. Aber ich würde gerne sehen, dass das Ergebnis der Meditation und das daraus resultierende Bewusstsein sich in Handlungen widerspiegeln, mit denen die Menschen eine Welt erschaffen, in der sie gerne leben möchten.

Literaturvorschläge

Gottlieb, R.S.: A Spirituality of Resistance, Lanham: Rowman & Littlefield, 2003.
Lerner, M.: Spiritual Matters, Charlottesville: Hampton Roads Publishing, 2002.
Rokeach, M.: Open and Closed Mind, New York: Basic Books, 1966.
Wink, W.: The Powers That Be, New York: Random House, 1999.

Informationen über zertifizierte GFK-Trainer/innen im deutschsprachigen Raum

Eine ständig aktualisierte Liste aller zertifizierten GFK-Trainer/innen, Infos über Seminarveranstaltungen und vieles mehr finden Sie (in englischer Sprache) unter:

www.cnvc.org

Der Weg zu den Trainer/innen:
Gehen Sie von der Startseite aus auf den Menü-Punkt „Connect with us“: Dann erhalten Sie eine Übersicht über alle Kontinente. Wenn Sie auf „in Europe„ klicken, erhalten Sie eine Übersicht über alle europäischen Länder, in denen es GFK-Kontakte gibt. Von hier aus haben Sie dann Zugang zu einer Liste mit Kontaktadressen in dem gewünschten Land.

Bei vielen Trainerinnen und Trainern finden sich auch Verlinkungen zu deren Website, so dass Sie sich von dort aus sofort über aktuelle Seminarangebote informieren können.

Informationen über die Gewaltfreie Kommunikation im deutschsprachigen Raum und eine Liste aller zertifizierten GFK-Trainer/innen finden Sie ebenfalls unter **www.gewaltfrei.de**

Zertifizierte GFK-Trainerinnen und -Trainer im deutschsprachigen Raum

Deutschland

BAD HOMBURG (bei Frankfurt/M.)	**Serena Rust**	Tel.:	06172 41526
		eMail:	look@serena-rust.de
		web:	www.forum-gewaltfrei-frankfurt.de
BAD OEYNHAUSEN			
	Cornelia Timm	Tel.:	05731 793325
		eMail:	info@orca-institut.de
		web:	www.orca-institut.de
BAD ÜBERKINGEN			
	Angelika Staffhorst	Tel.:	07331 824801
		eMail:	angelika@staffhorst.net
BERLIN	**Vivet Alevi**	Tel.:	030 32765188
		eMail:	info@gewaltfrei-alevi.de
		web:	www.gewaltfrei-alevi.de
			www.siddetsiz-iletisim.com
	Christian Peters	Tel.:	030 78954733
		Fax:	030 78954734
		eMail:	peters@teamagentur.com
		web:	www.teamagentur.com
	Lorna Ritchie	eMail:	gfk@amberco.de
		web.	www.amberco.de
	Ulrike Prasse-Schiefner	Tel.:	030 7952345
		eMail:	mschiefner@t-online.de
		web:	www.isl-seminare.de
	Gabriele Seils	Tel.:	030 38377676
		eMail:	gabriele_seils@web.de
		web:	www.gabriele-seils.de
	Adelheid Sieglin	Tel.:	030 78954733
		Fax:	030 78954734
		eMail:	sieglin@teamagentur.com
		web:	www.teamagentur.com
	Simone Thalheim	Tel.:	030 44042055
		eMail:	simonethalheim@gmx.de
	Monika Wolke	Tel.:	030 86423694
		eMail:	wolke.mo@web.de
BIELEFELD	**Susanne Kalkowski**	Tel.:	0521 9889049
		eMail:	shoshan@t-online.de

BREMEN	**Anja Kenzler**	Tel.:	0421 5578899
		eMail:	anjakenzler@a-k-demie.de
		web:	www.a-k-demie.de
	Sabine Fiedel	Tel.:	0228 797379
		email:	Sab.Fiedel@gmx.de
		web:	www.sabine-fiedel-gfk.de
DARMSTADT	**Irmtraud Kauschat**	Tel.:	06151 1010275
		Fax:	06151 1010274
		eMail:	irmtraudkauschat@yahoo.de
		web:	www.tcm-praxis-dr-kauschat.de
DÖRVERDEN (bei Bremen)	**Heike Laschinski**	Tel.:	04234 309006
		eMail:	Heike.Laschinski@gmx.de
		web:	www.gewalt-frei.de
FREIBURG (im Breisgau)	**Sucimanasa Lehmann**	Tel.:	0761 7681421
		eMail:	info@kommunikation-und-begegnung.de
		web.:	www.kommunikation-und-begegnung.de
GÖDENROTH	**Christa Gronow**	Tel.:	06762 1838
		eMail:	christa.gronow@web.de
GÖTTINGEN	**Gerhard Rothhaupt**	Tel..	0551 77997
		eMail:	info@visionenundwege.de
		web:	www.visionenundwege.de
	Marianne Sikor	Tel.:	0551 38266480
		eMail:	info@marianne-sikor.de
		web:	www.marianne-sikor.de
HAMBURG	**Simran K.B. Wester**	Tel.:	040 4604756
		eMail:	simran.kaur@hamburg.de
HOFHEIM a.T. (bei Frankfurt/M.)	**Beate Brüggemeier**	Tel.:	06192 39369
		Fax:	06192 31093
		eMail:	info@beatebrueggemeier.de
		web:	www.beatebrueggemeier.de
HOLZAPPEL (bei Limburg/Lahn)	**Edith Sauerbier**	Tel.:	06439 929533
		eMail:	edith.sauerbier@t-online.de
		web:	www.mediation-und-kommunikation.de
KARLSRUHE	**Silvia Richter-Kaupp**	Tel.:	0721 9374810
		Fax:	0721 9374811
		eMail:	silvia@richter-kaupp.de
		web:	www.richter-kaupp.de

KASSEL	**Dr. Barbara Köhler**	Tel.:	0561 4009940
		eMail:	info@achtsame-sprache.de
		web:	www.gewaltfrei-kassel.de
KÖLN	**Beate Waltrup**	Tel.:	0221 9983738
		eMail:	beate@waltrup.com
		web:	www.waltrup.com
		eMail:	info@gewaltfrei-niederkaufungen.de
		web:	www.gewaltfrei-niederkaufungen.de
KÖNIGSDORF	**Susanne Kraft,**	Tel.:	08179 998088
(bei München)	**geb. Zanker**	eMail:	susanne@ambula.de
		web:	ambula.de
KÖNIGSWINTER	**Ute Faber**	eMail:	faberute@gmx.de
(bei Köln/Bonn)		web:	www.gewaltfrei-bonn.de
	Monika Oboth	Tel.:	02223 278618
		Fax:	02223 278619
		eMail:	oboth@bmc-germany.de
		web:	bmc-germany.de
LAUFERSWEILER	**Christa Buschbaum**	Tel.:	06543 4515
		eMail:	christabuschbaum@gmx.de
	Karla Quint	Tel.:	06543 81 84 60
		eMail:	Karla.Quint@t-online.de
LORSCH	**Nicole**	Tel.:	06251 56729
	Leipert-Knaup	eMail:	info@lebendig.com
		web.:	www.lebendig.com
MÖRLENBACH	**Rita**	Tel.:	06209 712216
(bei Heidelberg)	**Geimer-Schererz**	Fax:	06209 712218
		eMail:	geimer@dialog-forum.com
		web:	www.dialog-forum.com
MÜNCHEN	**Frank Gaschler**	Tel.:	08131 505856
		eMail:	frank@giraffentraum.de
		web:	www.giraffentraum.de
	Gundi Gaschler	Tel.:	08131 505856
		eMail:	gundi@giraffentraum.de
		web:	www.giraffentraum.de
	Esther Gerdts	Tel.:	089 89042313
		Fax:	089 89042314
		eMail:	kontakt@empathy-first.com
		web:	www. empathy-first.com
	Gudrun Haas	Tel.:	08131 271248
		eMail:	gudrun_haas@t-online.de
		web:	www.gudrun-haas.de

	Günter Herold	Tel.:	089 82070285
		Fax:	089 41870238
		eMail:	dialog@heroldg.de
	Ingrid Holler	Tel.:	089 6515502
		Fax:	089 6515507
		eMail:	info@lets-train.de
		web:	www.lets-train.de
NEUNKIRCHEN a.Br. (bei Erlangen)	**Angela Dietz**	Tel.:	09134 906717
		eMail:	info@menschlich-erfolgreich.de
		web:	www.menschlich-erfolgreich.de
NIEDERKAUFUNGEN (bei Kassel)	**Monika Flörchinger**	Tel.:	05605 800770
		Fax:	05605 800740
		eMail:	info@gewaltfrei-niederkaufungen.de
		web:	www.gewaltffrei-niederkaufungen.de
	Klaus Peter Kilmer-Kirsch	Tel.:	05605 800770
		Fax:	05605 800740
		eMail:	info@gewaltfrei-niederkaufungen.de
		web:	www.gewaltffrei-niederkaufungen.de
NÜRNBERG	**Marianne Berkey**	Tel.:	0911 4088407
		Fax:	0911 4088407
		eMail:	mb@marianne-berkey.de
		web:	www.marianne-berkey.de
	Gabriele Lindeman	Tel.:	0911 599748
		eMail:	lindemann@menschenundziele.de
		web:	www.menschen-und-ziele.de
REUTLINGEN (bei Stuttgart)	**Monika Schäpe**	Tel.:	07121 580278
		eMail:	info@gewaltfrei-reutlingen.de
		web:	www.gewaltfrei-reutlingen.de
	Markus Sikor	Tel.:	08191 9707460
		Fax:	08191 9707461
		eMail:	info@institut-sikor.de
		web:	www.institut-sikor.de
SAUERLACH (bei München)	**Andreas Basu**	Tel.:	08104 888622
		Fax:	08104 888641
		eMail:	andreas @basu.de
STARNBERG (bei München)	**Klaus Karstädt**	Tel.:	08151 972188
		Fax:	08151 972189
		eMail:	kontakt@k-training.de
		web:	www.k-training.de

STEINHEIM/ WESTFALEN	**Sabine & Wolfgang Hager**	Tel.: Fax: eMail: web:	05233 6088 05233 6091 hager@hws-kunststoffe.de www.gewaltfrei-kommunizieren.de
STEYERBERG	**Katharina Sander**	Tel.: Fax: eMail: web:	05764 1206 05764 2578 mediation@t-online.de www.gewaltfrei-steyerberg.de
	Armin Torbecke	Tel.: eMail:	05764 941065 a.torbecke@jpberlin.de
STUTTGART	**Annette Keimburg**	Tel.: eMail:	0711 8264108 Annette@Keimburg.de
	Jos Schick	Tel.: Fax: eMail: web:	0711 581285 0711 4154977 info@gewaltfrei-stuttgart.de www.gewaltfrei-stuttgart.de
	Doris Schwab	Tel.: eMail: web:	0711 5406619 mail@Doris-Schwab.de www.Doris-Schwab.de

Österreich

WIEN	**Deborah Bellamy**	Tel.: eMail: web: web:	0043 1 5814751 deborahb1050@yahoo.com www.gewaltfrei-debnpia.org www.gewaltfrei-austria.org
	Christian Ruether	Tel.: eMail: web:	0043 1 9904887 chrisruether@chello.at www.gfk-training.com

Schweiz

BASEL	**Verena Jegher**	eMail:	verena.jegher@tele2.ch
CHUR	**Marianne Känel Möckli**	Fax: eMail:	0041 81 2507532 mkm@spin.ch
CRISSIER	**Angela Boss**	Tel.:	0041 21 6351877
EINSIEDELN	**Simone Anliker**	Tel.: eMail: web:	0041 55 5343648 sb.anliker@swissonline.ch www.compassion-voice.ch
GENF	**Laurence Reichler**	eMail:	laurence.reichler@bluewin.ch

HÜNIBACH	**Martin Rausch**	Tel.:	0041 33 243 55 05
		Fax:	0041 62 9238190
		eMail:	martin.rausch@hrcomm.ch
		web:	www.hrcomm.ch
KÜSNACHT (bei Zürich)	**Vera Heim**	Tel.:	044 500 99 00
		Fax:	044 500 99 01
		eMail:	vera.heim@tcco.ch
		web:	www.thecoachingcompany.ch
SOLOTHURN	**Michael Dillo**	Tel.:	0041 32 6215467
		eMail:	mdillo@swissonline.ch
TANN-DÜRNTEN	**Regula Langemann**	Tel.:	0041 55 2409910(bei Zürich)
		Fax:	0041 55 2409917
		eMail:	info@metapuls.ch
		web:	www.metapuls.ch
	Suna Yamaner	Tel.:	0041 55 2409910
		Fax:	0041 55 2409917
		eMail:	info@metapuls.ch
		web:	www.metapuls.ch
ZÜRICH	**Maryam Bien**	Tel.:	0041 44 3819204
		eMail:	Maryam.bien@bluewin.ch
	Gerlinde Ladera	Tel.:	0041 44 201 26 00
		Mobil:	0041 79 216 71 94
		eMail:	gl@ladera.ch
		web:	www.ladera.ch

Diese laufend aktualisierte Liste der Trainer/innen sowie Informationen über Seminartermine mit Marshall Rosenberg und den anderen Trainer/innen im deutschsprachigen Raum und vieles mehr finden Sie unter:

www.gewaltfrei.de

Hier können Sie auch GFK-Bücher und andere Materialien in deutscher und englischer Sprache beziehen.

Einige grundlegende Gefühle, die wir alle haben

Gefühle, die auftreten, wenn Bedürfnisse erfüllt sind:

angeregt, bewegt, dankbar, energiegeladen, erfreut, erfüllt, erleichtert, erstaunt, fasziniert, fröhlich, gerührt, hoffnungsvoll, inspiriert, optimistisch, stolz, vertrauensvoll, wohl, zuversichtlich

Gefühle, die auftreten, wenn Bedürfnisse nicht erfüllt sind:

bekümmert, besorgt, einsam, entmutigt, enttäuscht, frustriert, gereizt, hilflos, hoffnungslos, nervös, traurig, unbehaglich, ungeduldig, verärgert, verlegen, verwirrt, widerwillig, wütend

Grundlegende Bedürfnisse, die wir alle teilen

Autonomie

- Träume / Ziele / Werte wählen
- Pläne für die Erfüllung der eigenen Träume / Ziele / Werte entwickeln

Feiern

- Die Entstehung des Lebens und die Erfüllung von Träumen feiern
- Verluste feierlich begehen: von geliebten Menschen, Träumen usw. (trauern)

Integrität

- Authentizität
- Kreativität
- Sinn
- Selbstwert

Interdependenz/Kontakt mit anderen

- Akzeptieren
- Wertschätzung
- Nähe

- Geborgenheit
- Gemeinschaft
- Rücksichtnahme
- zur Bereicherung des Lebens beitragen
- emotionale Sicherheit
- Empathie
- Ehrlichkeit (gemeint ist die Ehrlichkeit, die uns die Kraft gibt, aus unseren Schwächen zu lernen)
- Liebe
- Geborgenheit
- Respekt
- Unterstützung
- Vertrauen
- Verständnis
- Zugehörigkeit

Nähren der physischen Existenz
- Luft
- Nahrung
- Bewegung, Körpertraining
- Schutz vor lebensbedrohenden Lebensformen: Viren, Bakterien, Insekten, Raubtieren
- Ruhe
- Sexualleben
- Unterkunft
- Körperkontakt
- Wasser

Spiel
- Freude
- Lachen

Spirituelle Verbundenheit
- Schönheit
- Harmonie
- Inspiration
- Ordnung (im Sinn von Struktur/Klarheit)
- Frieden

Über das CNVC und die GFK

5600 San Francisco Rd. NE Suite A, Albuquerque, NM 87109
Tel.: 001 505-244 4041 • Fax: 001 505-247 0414
E-mail: cnvc@cnvc.org • Website: www.cnvc.org

Das **Center for Nonviolent Communication** ist eine weltweite Organisation, deren Vision eine Welt ist, in der die Bedürfnisse aller Menschen auf friedliche Weise erfüllt werden. Wir haben es uns zum Ziel gesetzt, zur Verwirklichung dieser Vision beizutragen, indem wir die Schaffung lebensbereichernder Systeme in uns selbst, im Umgang mit anderen Menschen und innerhalb von Organisationen fördern. Wir tun dies, indem wir den Prozess der Gewaltfreien Kommunikation (*Nonviolent Communication* [NVC]) leben und lehren, der die Fähigkeit von Menschen stärkt, auf mitfühlende Weise Kontakt zu sich selbst und zu anderen Menschen herzustellen, Ressourcen miteinander zu teilen und Konflikte auf friedliche Weise zu lösen.

Das CNVC widmet sich der Förderung eines empathischen Umgangs miteinander, indem unsere gemeinsamen Bedürfnisse nach Autonomie, Feiern, Integrität, Interdependenz, physischem Lebenserhalt, Spiel und spiritueller Verbundenheit wertgeschätzt werden. Wir fühlen uns verpflichtet, auf jeder Ebene unserer Organisation und in allen unseren Interaktionen im Einklang mit dem Prozess zu wirken, den wir lehren, einvernehmlich zu handeln, Konflikte mit Hilfe der GFK zu lösen und unsere Kolleginnen und Kollegen in der GFK auszubilden. Wir arbeiten häufig mit anderen Organisationen zusammen, um gemeinsam eine friedliche und gerechte Welt zu schaffen und deren ökologisches Gleichgewicht zu fördern.

Ziel, Aufgabe, Geschichte und Projekte

Was GFK ist

Die GFK ist ein hochwirksamer Prozess, der Verbundenheit und mitfühlendes Handeln inspiriert. Die GFK liefert einen Rahmen für die Entwicklung von Fähigkeiten, die bei der Lösung menschlicher Probleme von Nutzen sind, angefangen von Problemen, die in engen persönlichen Beziehungen auftreten, bis hin zu weltweiten politischen Konflikten. Die GFK kann sowohl präventiv als auch zur Lösung bestehender Konflikte eingesetzt werden. Mit Hilfe der GFK richten wir unsere Aufmerksamkeit auf die Gefühle und Bedürfnisse, die wir alle haben, statt ein Denken im Sinne entmenschlichender Etikettierungen sowie entsprechende sprachliche Äußerungen zu perpetuieren – die leicht als fordernd und feindselig verstanden werden und zur Gewalt gegenüber uns selbst, anderen und der Welt um uns herum beitragen können. Die GFK ermöglicht Menschen, einen kreativen Dialog zu beginnen, um ihre eigenen, sie völlig zufrieden stellenden Lösungen zu finden.

Wie die GFK entstand

Marshall B. Rosenberg entwickelte den GFK-Prozess im Jahre 1963 und hat ihn seither kontinuierlich verfeinert. Rosenberg lernte Gewalt schon sehr früh kennen und entwickelte das starke Bedürfnis, zu verstehen, was Menschen dazu bringt, gegen ihresgleichen Gewalt anzuwenden. Er begann zu erforschen, welche Art zu reden, zu denken und zu kommunizieren eine friedliche Alternative zur Gewalt sein könnte. Aufgrund seines Interesses promovierte er auf der Graduate School in klinischer Psychologie. Zunächst benutzte Rosenberg die GFK in den 1960er Jahren im Rahmen innovativer Schulprojekte und bei seiner Arbeit in anderen öffentlichen Institutionen. Durch diese Tätigkeit kam Dr. Rosenberg mit Menschen in vielen amerikanischen Städten in Kontakt und sein Training fand bei einer großen Zahl von Interessenten/innen Anklang. Um diesen Bedarf abzudecken und den GFK-Prozess effektiver verbreiten zu können, gründete er im Jahre 1984 das *Center for Nonviolent Communication* (CNVC). Seither hat er mehrere Bücher geschrieben und weitere Trainingsmaterialien entwickelt.

Seit vielen Jahren trägt das *Center for Nonviolent Communication* zu einer umfassenden gesellschaftlichen Transformation des Denkens, Sprechens und Handelns bei, indem es Menschen ermöglicht, auf mitfühlende Weise zueinander in Beziehung zu treten und dementsprechende Resultate zu erzielen. Die GFK wird heute von Dr. Rosenberg und einem Team von über hundert zertifizierten Trainern auf der ganzen Welt gelehrt. Hunderte engagierter freiwilliger Helfer unterstützen die Organisation von Workshops, nehmen an Übungsgruppen teil und koordinieren den Aufbau von Teams. Das Training unterstützt die Konfliktprävention und die Lösung bereits entstandener Konflikte in Schulen, Unternehmen, Gesundheitsinstitutionen, Gefängnissen, Gemeinschaften und Familien. Marshall Rosenberg und seine Partner haben die GFK in kriegsgeplagten Gebieten wie Sierra Leone, Sri Lanka, Ruanda, Burundi, Bosnien und Serbien, Kolumbien und dem Mittleren Osten bekannt gemacht.

Wir sind zurzeit auf der Suche nach Sponsoren für Projekte in Nordamerika, Lateinamerika, Europa, Afrika, Südasien, Brasilien und dem Mittleren Osten. Stiftungsgelder haben es ermöglicht, innovative Lernprojekte zu verwirklichen, Ressourcen für Erzieher zu entwickeln und Projekte zu initiieren, die sich mit den Aufgaben von Eltern, sozialer Veränderung und der Arbeit in Gefängnissen in verschiedenen Regionen der Welt auseinander setzen. Wir arbeiten mit anderen Organisationen zusammen, deren Mission mit der unseren im Einklang steht. Nähere Informationen über diese Projekte sowie über regionale Aktivitäten und andere Ressourcen bezüglich der GFK sind auf der CNVC-Website zu finden. Ihr Beitrag zur Unterstützung dieser Bemühungen ist stets willkommen und wird von uns sehr begrüßt.

Eine Liste zertifizierter CNVC-Trainer und wie man zu ihnen in Kontakt treten kann, ist ebenfalls auf der Website des Zentrums zu finden. Diese Liste wird monatlich aktualisiert. Die Website enthält auch Informationen über vom CNVC organisierte Trainings und Links, die zu den Websites regionaler Mitgliedsorganisationen führen. Das CNVC lädt Sie ein, GFK-Trainings in Ihrem Unternehmen, in Schulen, Kirchen und Gemeinden durchführen zu lassen. Wenn Sie über Trainings in Ihrer Region informiert werden wollen oder wenn Sie gern selbst ein GFK-Training organisieren möchten, können Sie sich auf der Mailing-Liste der CNVC eintragen. Und wenn Sie unsere Bemühungen, eine friedlichere Welt zu schaffen, in anderer Weise unterstützen wollen, dann nehmen Sie bitte ebenfalls Kontakt zum CNVC auf.

Wie Sie den GFK-Prozess anwenden können

Ehrlich ausdrücken, wie *ich* bin, ohne zu beschuldigen oder zu kritisieren.	**Empathisch aufnehmen, wie *du* bist, ohne Beschuldigungen oder Kritik zu hören.**
Beobachtungen	
1. Was ich beobachte (sehe, höre, an was ich mich erinnere, was ich mir vorstelle, frei von meinen Bewertungen), das zu meinem Wohlbefinden beiträgt oder nicht: ***„Wenn ich sehe, höre ...“***	1. Was du beobachtest (siehst, hörst, an was du dich erinnerst, was du dir vorstellst, frei von deinen Bewertungen), das zu deinem Wohlbefinden beiträgt oder nicht: ***„Wenn du siehst / hörst ...“*** (Wird beim Anbieten von Empathie manchmal weggelassen.)
Gefühle	
2. Wie ich mich fühle (Emotionen oder Empfindungen, statt Gedanken) in Beziehung zu dem, was ich beobachte: ***„Ich fühle ...“***	2. Wie du dich fühlst (Emotionen oder Empfindungen, statt Gedanken) in Beziehung zu dem, was du beobachtest: ***„Du fühlst ...“***
Bedürfnisse	
3. Was ich brauche oder schätze (statt einer Präferenz oder einer spezifischen Handlung), das meine Gefühle verursacht: ***„... weil ich brauche / mir wichtig ist ...“***	3. Was du brauchst oder schätzt (statt einer Präferenz oder einer spezifischen Handlung), das deine Gefühle verursacht: ***„... weil du brauchst / dir wichtig ist ...“***
Klar um etwas bitten, das mein Leben bereichern würde, ohne zu fordern	**Empathisch aufnehmen, was dein Leben bereichern würde, ohne irgendeine Forderung zu hören.**
Bitten	
4. Die konkreten Handlungen, von denen ich mir wünsche, dass sie in die Tat umgesetzt werden: ***„Wärest du bereit, zu ...?“*** ***„Und würdest du bitte ...“***	4. Die konkreten Handlungen, von denen du dir wünschst, dass sie geschehen: ***„Würdest du gern ...?“*** (Wird beim Anbieten von Empathie manchmal weggelassen.)

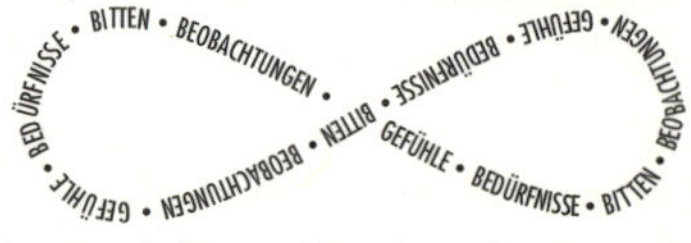

Weitere Informationen über Marshall Rosenberg bzw. das Center for Nonviolent Communication im Internet unter www.CNVC.org.